U0501528

1+X个税计算职业技能等级证书课证融通教材

全国个税计算职业技能大赛配套用书

全国个税计算

全国税务技能

高等职业教育校企"双元"合作开发教材

个税计算基础与实务（初级）

新准则 新税率

浙江衡信教育科技有限公司　主编

GESHUI JISUAN JICHU YU
SHIWU(CHUJI)

·本书另配融通方案、课程标准、教学课件、
教学讲义、动画视频、实务案例、答案解析

中国教育出版传媒集团

高等教育出版社·北京

内容提要

本书是1+X个税计算职业技能等级证书课证融通教材。

本书根据最新国家税制改革成果，反映金税三期智能财税技术发展，依据个人所得税实务操作流程进行编写，内容包括：税款缴纳及手续费实务处理、数据初始化与信息采集、综合所得实务处理、分类所得实务处理、非居民个人所得实务处理和人力资源及薪酬管理。本书积极拓展教学外延，在国家职业技能等级相关要求的基础上，对接"薪税师"内容，增设"人力资源及薪酬管理"项目，从而以个税为依托，对接实务工作需求。本书另配融通方案、课程标准、教学课件、教学讲义、动画视频、实务案例、答案解析等资源，供教师教学使用。

本书可作为职业院校财经商贸大类相关专业的职业技能等级考试培训教材，也可供社会从业人员自学使用。

图书在版编目(CIP)数据

个税计算基础与实务：初级/浙江衡信教育科技有限公司主编.—北京：高等教育出版社，2022.8
ISBN 978 - 7 - 04 - 056325 - 2

Ⅰ.①个… Ⅱ.①浙… Ⅲ.①个人所得税-基本知识
-中国-高等职业教育-教材 Ⅳ.①F812.424

中国版本图书馆 CIP 数据核字(2022)第 140926 号

策划编辑	毕颖娟	责任编辑 毕颖娟	封面设计 张文豪	责任印制	高忠富

出版发行	高等教育出版社	网　　址	http://www.hep.edu.cn	
社　　址	北京市西城区德外大街 4 号		http://www.hep.com.cn	
邮政编码	100120	网上订购	http://www.hepmall.com.cn	
印　　刷	江苏德埔印务有限公司		http://www.hepmall.com	
开　　本	787 mm×1092 mm　1/16		http://www.hepmall.cn	
印　　张	12			
字　　数	300 千字	版　　次	2022 年 8 月第 1 版	
购书热线	010 - 58581118	印　　次	2022 年 8 月第 1 次印刷	
咨询电话	400 - 810 - 0598	定　　价	36.00 元	

本书如有缺页、倒页、脱页等质量问题，请到所购图书销售部门联系调换

版权所有　侵权必究
物 料 号　56325-00

编写委员会

（以姓氏笔画为序）

主任委员：

王慧姝	甘　泉	朱　丹	乔梦虎	严　谨	杜　文	李高齐	李　超
张诚航	林世伟	宣国萍	秦庆峰	高丽萍	梁伟样		

副主任委员：

王丽梅	王航鹰	王　涛	王海丽	王　婧	古　今	卢亚和	卢懿雯
冯香入	全艺美	刘　壮	刘兴莉	刘建伟	孙玉贤	李国红	李颖超
杨子淑	杨雯婷	吴可灿	吴国强	吴　迪	吴　雷	何杨英	何　虹
余　奇	张小梅	张少茹	张竞存	张家琳	陈　翼	金　萍	庞江峰
宗绍军	孟　雅	赵　君	赵忠慧	郝宝爱	袁永辉	徐智凤	陶红梅
曹胜新	渠海英	鲁靖文	曾艳芳	谢　娜	满　春	管　洋	樊　颖
滕韦娅							

委员：

丁丽萍	丁　娟	丁慧琼	卜海凤	于白雨	于　君	于　洋	马　军
马利峰	马国锋	马晓征	马银花	马　媛	马靖杰	马慧芳	马　聪
王大山	王　飞	王天予	王玉刚	王玉婷	王玉霞	王　吉	王华林
王秀娟	王迪生	王诗雅	王　建	王春芳	王　珍	王　南	王　奕
王洪艳	王　娜	王海芳	王　晨	王　晨	王彩钦	王惠琴	王道平
王颖菊	王　靖	王　燕	王　霞	韦旭源	韦绪任	尤兰兰	戈文娜
牛　犇	毛玉凤	毛艳羚	文　丹	文海碧	文　翠	方　丽	计芳媛
尹忠红	尹　玲	孔焕敏	邓丽莎	邓怀宇	玉少花	玉秋兰	古　欢
石国红	龙思燃	龙海燕	卢　艳	叶　丹	叶龙达	田丽娜	田　佳
史成泽	史春玲	史耀雄	付志强	白玉荣	白　帆	白晓鸽	邝　雨
冯力沛	冯　茜	冯勇刚	宁军容	司小爱	司静珂	边伶俐	吕　英
吕　昕	吕翠萍	朱涟莲	伍云峰	任永光	任丽杰	任春茹	任维卓
向　东	全浙玉	危淑芬	庄慧颖	刘小军	刘云中	刘文宝	刘方乐
刘成松	刘华萍	刘兴萍	刘志玲	刘　丽	刘　丽	刘丽樱	刘　迎
刘　灿	刘启贵	刘明玺	刘泽惠	刘怡瑶	刘建义	刘思琴	刘俊霞
刘艳妮	刘　彧	刘晓玥	刘晓慧	刘　涛	刘浩丽	刘　萌	刘湘丽
刘　颖	刘新星	刘　群	刘嘉语	刘翠萍	齐　明	闫贵宝	关明文
关筱彦	汤玉梅	安怀玲	祁双云	祁美云	许冬杰	许　珊	许晓为

许晓霞	农小婵	阮 冰	阮祥梅	孙 红	孙美玲	孙 超	孙雯静
纪晶华	苏建静	杜小利	杜冰玉	杜红光	李万隆	李互武	李忆凡
李世虎	李冬蕾	李 宁	李亚云	李亚男	李亚敏	李 勉	李 娜
李君梅	李 杰	李奇虹	李欣珂	李金荣	李春芳	李 然	李 婷
李海燕	李 娟	李 敏	李 琳	李雯雯	李 晶	杨丽华	杨丽娟
李蓉琼	李新慧	李 璐	李 霞	杨日霞	杨有福	吴文伟	吴芳政
杨建荣	杨峻梅	杨积尚	杨 梅	肖 津	肖晓旭	邱 玲	何 昊
吴宝洲	吴春玲	吴修玲	吴晓莉	吴雪儿	吴嘉颖	沈应仙	沈春红
何 艳	何素静	余晓峰	邹 莉	邹 倩	沈文丹	张 芳	张 丽
宋丽娟	宋沛军	宋秋伟	宋振水	宋瑞莉	张永强	张晓燕	张 娟
张秀倩	张建华	张春平	张 茜	张秋红	张 艳	张 霞	陆秀团
张 清	张婧雪	张 晴	张 锐	张 婷	张 楠	陈劲松	陈明峰
陆怡铭	陈文兵	陈文慧	陈由辉	陈 欢	陈丽丽	陈梦圆	陈淑莹
陈姗姗	陈春媚	陈政曼	陈莲枝	陈晓倩	陈 萍	苗艳芳	林冬梅
陈 婵	陈 静	邵 敏	武 丹	武 娟	武 谨	和世宝	周芝情
林 俊	林晓凤	尚慧萍	罗 雪	罗 燕	罗 燕杰	郑洲航	郑湘钰
周肖肖	周 莉	周晶晶	庞 艳	郑玉禄	郑 杰	赵素娟	赵雪梅
郑新楠	单建菊	宗绍君	项华录	赵国信	赵和玉	胡竟男	胡 静
赵 越	赵 燕	郝永明	荣红霞	胡开艳	胡 杰	姜 勇	洪 丽
柯小霞	钟振强	段 宏	侯炬凯	侯健英	施 泉	秦丽芬	袁 礼
宣胜瑾	祝 刚	姚巧娣	贺清华	贺 慧	骆吉明	夏孝贤	夏 杰
袁海玉	莫敏朋	桂玉敏	贾义菊	贾兴州	凌辉贤	高 丹	高玉莲
徐 江	徐孝刚	徐晓莉	殷 英	殷慧敏	高 攀	郭书敏	郭 俊
高 扬	高芳艳	高 炜	高素芬	高振霞	高 雪	唐 静	涂秋月
郭梦婷	郭露露	唐树怜	唐晓宇	唐娴梓	黄海荣	龚 锋	龚 婷
黄义晏	黄月荣	黄丽华	黄秋雁	黄爱华	梁玉环	梁芳蝶	梁 怡	梁冠华
常法亮	唱晓阳	康大林	阎佳星	梁玉环	梁芳蝶	梁 怡	梁冠华
梁海玲	梁斯慧	梁 景	梁 霄	隋玉亮	彭毛达杰	彭智军	彭智滨
葛晶晶	董俊芳	董晨鸿	蒋向丽	蒋苏新	蒋莉蘋	覃少梅	粟龄慧
程传勇	程 琳	程馨瑶	焦 熙	鲁晓雪	童 疆	曾 梅	曾淑萍
谢世礼	谢瑞红	靳 霞	雷 彬	雷 霞	蔡海强	蔡 萍	臧建玲
廖浪涛	谭树群	谭胜川	翟培羽	熊正文	樊 珂	潘栋梁	潘柏林
潘 锐	薛丽萍	薛 颖	檀辉霞	瞿明山			

前　言

本书是1+X个税计算职业技能等级证书课证融通教材。

随着金税三期工程的全面应用与金税四期工程的启动,"信息管税、以数治税"成为重要的税收征管方式,个人所得税征管率先实现了"一级处理"。近年来,个人所得税改革力度和步伐明显加大,速度明显提升:全员全额明细申报、自主申报汇算清缴、附加扣除、纳税评估与风险提示、纳税信用进入个人征信、多部委已与税务总局完成了数据共享。

个人所得税,涉及约3亿个家庭,是覆盖面最广的涉税活动主题,也是信用、法治、利益的高度综合,影响面和关注度会持续提高。自2018年中国同共同申报准则(CRS)辖区成员国完成首次信息交换,反避税措施越来越严;随着2019年个税汇算清缴的实施与核定征税的取消,征管漏洞越来越少;未来针对高收入人群(收入较高及收入多元)的征收监管会越来越精准。

个税涉及千家万户,在国家重大政策中持续发挥作用。新一轮个税改革成效明显,对完善收入分配、增加居民收入、扩大消费发挥了重要作用,成为推进国家税收治理体系和治理能力现代化的成功实践。个人所得税体系有效发挥着筹集财政收入、调节收入分配和稳定宏观经济的作用,为社会治理工作奠定了坚实的基础。

本书根据"个税计算"职业技能等级标准与考试大纲,依托国家税务总局金税三期工程企业端税务系统高仿真教学实训平台——衡信税务实训平台编写而成,力求实现课程教学要求与企业(行业)岗位技能要求相匹配、课程内容标准与职业标准相融合,为院校人才培养模式改革创新提供支撑。本书还结合了"衡信杯"全国税务技能大赛、个税计算职业技能大赛赛项规程内容,坚持理论与实务相结合的原则,及时反映院校教学改革的要求以及"新个税"后税收领域改革的新动态。全书编写以个人所得税相关工作为出发点,采用项目化的编写体例,融"教、学、做"于一体进行编写。本书具有以下几个特点:

1. 融入课程思政元素

本书在教会学生按时、准确进行个人所得税申报技能的同时,融入"依法纳税、纳税光荣、偷逃可耻"的职业品德,贯彻立德树人根本任务。融入思政元素,给予学生正确的价值取向引导,提升学生的思想道德素质,培养学生的综合职业能力和素养。

2. 结构科学合理

本书采用"项目教学、案例教学、流程导向"的模式,将综合性案例分解为若干子任务进行讲解,通过案例进行教学和实训。书中穿插了[任务描述][技能要求][案例情景][业务要求和业务要点][业务流程和实务操作][知识链接][资源拓展]等栏目,将"教、学、做"融为一体,实现工学结合、理实一体、学做合一。

3. 编写体例新颖

本书理论部分采用图、表、文字相结合的编写形式;实操部分按照"项目导向,任务驱动"

的编写理念,以个人所得税纳税申报流程为主线,高度还原企业实务工作场景,培养学生的综合操作能力。

4. 知识体系多元

本书以个人所得税业务为主线,同时融入会计基础、工资薪金管理、社保及公积金办理等内容,全流程展示了个税涉及的多元素知识体系,旨在提高学生理论与实践相结合的能力。

5. 书证融合、学分互换

本书可单独与中职、高职、本科院校的财经商贸、经济管理、工商管理等相关专业的财税类课程进行书证融合;亦可作为独立开课的实训课程用书,同时可作为学分银行的学分转化项目用书,可实现各院校间学分单向、双向转化,将技能培训与学历教育有机结合。

6. 教辅资源立体化

本书另配有丰富的个税计算课证融通资源包,为教师提供全面教学支持,资源包括:融通方案、课程标准、教学课件、教学讲义、动画视频、实务案例、答案解析等。选用本书的院校及任课教师可通过个税研究院实名注册申请,联系社会培训评价组织浙江衡信教育科技有限公司开通服务内容;也可根据本书末页"教学资源索取单",进行索取。

本书由长期工作在一线具有丰富经验的优秀教师团队进行编写。在本书编写过程中,除选用了现行的税收法规以外,还参考了一些专家、学者的有关资料,同时,得到各院校的大力支持,在此一并表示忠心的感谢!

由于编者水平有限,书中难免有不当之处,敬请读者提出宝贵意见。

编　者

2022 年 8 月

目　录

001 | **项目一　税款缴纳及手续费实务处理**
001 | 任务一　三方协议缴税实务处理
004 | 任务二　查询与统计实务处理
008 | 任务三　退付手续费实务处理

013 | **项目二　数据初始化与信息采集**
013 | 任务一　自然人税收管理系统安装
019 | 任务二　人员信息登记与采集
026 | 任务三　人员离职退休变更处理
032 | 任务四　专项附加扣除信息登记与采集
039 | 任务五　员工基础资料整理

044 | **项目三　综合所得实务处理**
044 | 任务一　工资薪金所得实务处理
052 | 任务二　年终奖实务处理
058 | 任务三　解除劳动合同补偿金实务处理
062 | 任务四　劳务报酬所得实务处理
068 | 任务五　特许权使用费所得实务处理
072 | 任务六　稿酬所得实务处理
077 | 任务七　综合所得税款计算实务处理
080 | 任务八　综合所得报送实务处理

091 | **项目四　分类所得实务处理**
091 | 任务一　利息股息红利所得实务处理
094 | 任务二　财产租赁所得实务处理
096 | 任务三　财产转让所得实务处理
100 | 任务四　偶然所得实务处理
102 | 任务五　分类所得报送实务处理

113	**项目五　非居民个人所得实务处理**
114	任务一　工资薪金所得实务处理
118	任务二　劳务报酬所得实务处理
120	任务三　稿酬所得实务处理
122	任务四　财产租赁所得实务处理
124	任务五　财产转让所得实务处理
127	任务六　利息股息红利所得实务处理
129	任务七　特许权使用费所得实务处理
131	任务八　偶然所得实务处理
133	任务九　非居民个人所得报送实务处理
146	**项目六　人力资源及薪酬管理**
146	任务一　人员信息管理
149	任务二　社会保险费用业务办理
163	任务三　公积金业务办理
175	任务四　其他福利费用核算
177	任务五　薪资实务处理

资源导航

038　个人所得税——继续教育、子女教育

038　个人所得税——大病医疗支出、赡养老人

038　个人所得税——租房租金支出、住房贷款利息支出

051　单位以误餐补助名义发给职工的补贴、津贴，是否属于工资薪金

057　个人所得税——年终奖金如何发放

068　实习生取得劳务报酬所得的个税计算

077　个人通过出版社出版小说取得的收入应如何计税

080　个人所得税的计算

179　个人所得税改革变迁史

项目一 税款缴纳及手续费实务处理

【项目描述】

高某是 A 高校的薪酬核算专员,在 2021 年 3 月初对 2 月份全员个人所得税进行申报与缴纳,同时办理上一年的个人所得税扣缴手续费退付。高某需要完成如下具体工作:

(1) 对 2 月份全员综合所得申报后的结果,进行税款的缴纳。

(2) 查询以前年度个人所得税税款缴纳记录,并开具完税凭证。

(3) 完成上一年度个人所得税扣缴税款的手续费退付工作。

任务一 三方协议缴税实务处理

【任务描述】

应税务局的要求,A 高校财务部已经和税务机关、银行签订了《委托银行代缴税款协议书》,并且已经按照"全员全额汇总申报"制度,对全员的综合所得进行了集中申报,所有信息均得到税务局的反馈与认可。财务部需要在自然人税收管理系统扣缴客户端中,完成 2 月份全员个人所得税中各类所得的税款缴纳工作。

【技能要求】

(1) 了解三方协议办理资料、办理条件及办理部门。

(2) 了解电子税务局三方协议办理流程,完成三方协议办理。

(3) 能运用自然人税收管理系统扣缴客户端进行三方协议缴税。

 案例情景

2021 年 3 月 9 日,财务部李海通知高某办理 2 月份全员综合所得相关缴税事宜。高某登录自然人税收管理系统扣缴客户端进行相关税款缴纳,工作完毕后,向财务部进行汇报。

1

一、业务要求和业务要点

（一）业务要求

（1）能够根据反馈后的综合所得汇总表进行计算与核对。

（2）能够熟练运用自然人税收管理系统扣缴客户端进行三方协议缴税。

（二）业务要点

（1）区分"作废申报"和"申报更正"的操作。

（2）了解居民个人分类所得、居民个人综合所得以及非居民个人各类所得三者税款缴纳的特点。

（3）在自然人税收管理系统中完成综合所得税款的缴纳工作。

二、业务流程和实务操作

（一）业务流程（图 1-1）

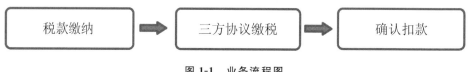

图 1-1　业务流程图

（二）实务操作

税款缴纳的具体操作步骤如下：

（1）打开自然人税收管理系统扣缴客户端，点击【税款缴纳】—【三方协议缴税】，系统会自动获取企业的三方协议，如图 1-2 所示。

图 1-2　三方协议缴税信息查看

（2）点击【立即缴款】，勾选三方协议，点击【确认扣款】按钮。进度条刷新完毕后得到税款缴款结果，即完成缴税，如图 1-3 所示。

图 1-3 税款缴纳

三、知识链接

(一) 网签三方协议

纳税人通过与税务机关、开户银行签署委托银行委托划转税款协议的方式,利用电子缴税系统缴纳税费、滞纳金和罚款。

(二) 三方协议办理资料

在税务局或在电子税务局线上签订三方协议,需要的资料有:企业公章、营业执照副本原件及复印件、经办人身份证原件及复印件、银行开户许可证复印件。银行代扣款一式三联三方协议书经企业、税务局盖章后由企业给其开户银行盖章,银行、企业和税务局各留一份。

四、资源拓展

(一) 电子税务局三方协议办理流程

第一步,进入三方协议登记维护模块,进入电子税务局客户端软件,打开【涉税办理】—【税务登记】—【三方协议登记维护】,点击【三方协议登记维护】,打开三方协议登记维护表。

第二步,操作三方协议登记维护,该模块初始化后,如果纳税人没有存款账户账号报告信息,软件会提示"请维护【存款账户账号报告】模块",需打开【涉税办理】—【税务登记】—【存款账户账号报告】模块维护纳税人存款账户账号等信息。

第三步,保存三方协议信息。

(1) 纳税人存在存款账户账号报告信息但没有维护三方协议信息时,操作如下:

① 选中数据行,点击【生成三方协议号】按钮,即从金税三期核心系统获取三方协议号,自动赋值到当前行的三方协议号处。

② 单击【开户银行所在行政区域、银行行别、开户银行(营业网点)、缴款账号名称、缴款账号】任意列,弹出存款账户报告信息,选择后自动赋值到当前数据行。

③ 纳税人需要手动输入开户银行所在区县、清算银行账号、开户银行行号、批扣标志。数据录入完毕后,点击【保存】按钮,该条三方协议信息进入电子税务局端系统待审核。

1

（2）纳税人已维护三方协议信息时,操作如下:

① 可以选中已经存在的某条数据行进行修改三方协议信息,修改后点击【保存】按钮,保存后,不需要税务局端审核,可直接打印委托扣款协议书到开户银行(营业网点)办理三方协议登记。

② 也可以通过点击【增加行】按钮,新增加一行三方协议信息,新增的协议信息状态为未验证,完善该三方协议信息保存。

③ 对新增加一行的三方协议信息,如果想放弃编辑该行数据,可以通过选中当前行,点击【删除行】按钮,删除此行三方协议信息。

第四步,打印委托扣款协议书,办理三方协议登记,查询三方协议登记是否审核,打开【信息查询】—【事项进度查询】,选择事项大类为【网签三方协议】,事项小类为【网签三方协议】,调整申请日期起止,点击【查询】按钮,在查询结果中查看【办理信息】列。

（1）如显示办结(审核通过),即税务局端审核通过,可以进行打印委托扣款协议书,去银行办理三方协议登记。

（2）如显示等待预审,即税务局端还未审核该三方协议信息,需要等待税务局端审核。

（3）如显示不予受理,即税务局端已经审核且未通过,需要重新提交三方协议信息。

（二）个人所得税的会计分录

（1）发放工资时:

借:应付职工薪酬——职工工资

　　贷:银行存款

　　　　应交税费——应交个人所得税

　　　　其他应收款——社会保险费(个人承担部分)

（2）缴纳个税时:

借:应交税费——应交个人所得税

　　贷:银行存款

任务二　查询与统计实务处理

【任务描述】

A 高校股东想要了解以前年度本校个人所得税的税款缴纳情况,要求财务部提供以前年度个人所得税税款缴纳明细,导出相关数据并开具完税凭证提交给股东。

【技能要求】

（1）能熟练完成自然人税收管理系统的查询、统计功能。

（2）能熟练完成自然人税收管理系统查询申报详情。

（3）能熟练完成自然人税收管理系统进行缴税记录查询及完税证明开具。

 案例情景

2021 年 4 月 9 日,财务部李海通知高某登录自然人电子税务局(扣缴端),进行以前年度本校个人所得税的税款缴纳情况详细查询,包括单位申报记录和个人扣缴明细。查询后导出相应表格并开具完税凭证。

一、业务要求和业务要点

（一）业务要求

（1）查询单位申报记录后导出数据并开具完税凭证提交财务部。

（2）查询个人扣缴明细后导出数据并开具完税凭证提交财务部。

（二）业务要点

1. 熟悉"查询统计"中"单位申报记录查询"和"个人扣缴明细查询"的具体内容。

2. 进行查询明细的导出并开具相关的完税凭证。

二、业务流程和实务操作

（一）业务流程（图 1-4）

图 1-4　业务流程图

（二）实务操作

查询并导出数据的具体操作步骤如下：

（1）申报缴款成功以后，点击【查询统计】—【单位申报记录查询】，选择税款所属期，点击右方【查询】按钮，出现所属期单位申报记录，如图 1-5 所示。

图 1-5　单位申报记录查询

（2）点击【查看明细】，出现单位申报人员扣缴明细，点击【导出】按钮，可以导出所属期个人所得税扣缴申报表,如图1-6所示。

图1-6 查看单位申报扣缴明细表

(3)点击【查询统计】—【个人扣缴明细查询】,选择税款所属期,填写姓名证件号码,点击【查询】按钮,出现要查询人员所属期各类申报表查询明细,如图1-7所示。

图1-7 查看个人所得扣缴申报表

(4)点击【导出】按钮,出现汇总表、综合所得申报表、分类所得申报表等,选择要导出的申报表,如图1-8所示。

图 1-8　导出申报表

（5）点击【查询统计】—【缴税记录查询】，选择缴税日期，点击【查询】按钮，出现要查询月份、缴税金额、缴税日期等扣缴明细，如图 1-9 所示。

图 1-9　缴税记录查询

（6）选择需要开具证明的扣缴明细（选择后出现蓝色），点击【完税证明开具】按钮，再点击【确定】按钮，如图 1-10 所示。

1

图 1-10　完税证明开具

三、知识链接

完税证明是税务机关开具的,是纳税人已缴纳税费的完税凭证,用于证明已完成纳税义务。常见的有"中华人民共和国税收通用完税证""中华人民共和国税收通用缴款书"等。

四、资源拓展

(一)查询申报表时,申报表是汇总的还是分项的

申报表默认是汇总,报表可以选择"汇总""综合所得申报表""分类所得申报表""非居民所得申报表和""限售所得申报表"。

(二)如何查询 2019 年以前的税款明细

新版自然人税收管理系统从 2019 年后的数据进行税款的查询,2019 年以前的税款数据要切换到旧版才可以进行查询。

(三)未申报的数据是否可以查询税款缴纳情况并开具相应完税凭证

查询统计表只能查询已经申报成功的数据,不包括已经申报但已经作废或已被更正的数据;申报成功且扣款成功的记录才支持开具完税凭证。

(四)申报成功后多久可以进行税款数据的查询

由于数据的滞后性,建议在申报成功 3 天之后进行最新数据的查询。

任务三　退付手续费实务处理

【任务描述】

A 高校完成了上一年度个人所得税的扣缴义务,财务部申请上年度相关手续费的退付,手续费退付批准后,通知相关人员手续费款的实际退付金额以及预计到账时间。

【技能要求】

（1）掌握代扣代缴个人所得税手续费知识。

（2）能依据个人所得税法相关规定，正确计算手续费。

（3）能熟练完成自然人税收管理系统中退付手续费的核对。

 案例情景

> 　　财务部通知高某办理上年度个人所得税手续费退付工作，高某查询到本校 2020 年共代扣代缴个人所得税 200 万元，另有税务机关查补 2018 年未按照规定代扣代缴的个人所得税 30 万元，罚款 10 万元，滞纳金 5 万元。

一、业务要求和业务要点

（一）业务要求

（1）能够正确核算手续费。

（2）完成自然人税收管理系统中退付手续费核对工作。

（3）完成申报个人所得税手续费退付请求。

（二）业务要点

（1）掌握扣缴税款取得手续费退付相关知识，完成手续费退付金额计算。

（2）熟练掌握系统填报流程。

二、业务流程和实务操作

（一）业务流程（图 1-11）

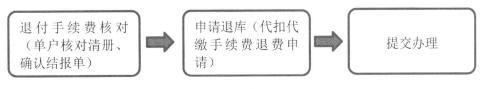

图 1-11　业务流程图

（二）实务操作

1. 计算收到的手续费金额

计算手续费的基数不包括税务机关、司法机关等查补或责令补扣的税款，因此：

$$手续费金额 = 2\,000\,000 \times 2\% = 40\,000（元）$$

2. 退付手续费办理

点击【退付手续费核对】—【获取结报单】，通过【勾选单户核对清册】【确认结报单】模块分别查看核对上一年度本单位个人所得税扣缴汇总与明细申报记录，最终确定，如图 1-12 所示。

确定以后，出现上一年度本单位个人所得税扣缴汇总与明细申报记录，勾选中其中一项需要办理退付的明细记录（呈现蓝色后），点击【下一步】按钮，如图 1-13 所示。

3. 申请退库

核对完成后，点击【申请退库】按钮，如图 1-14 所示。

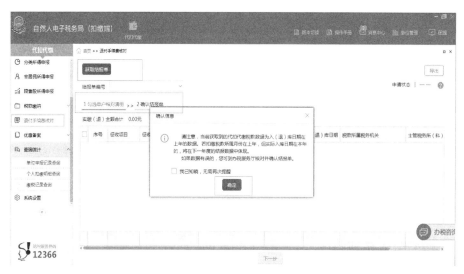

图 1-12 获取结报单

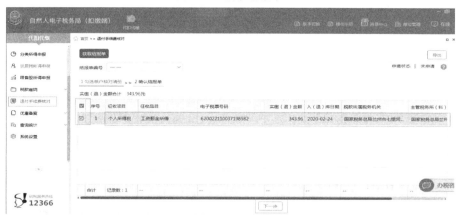

图 1-13 查看申报记录

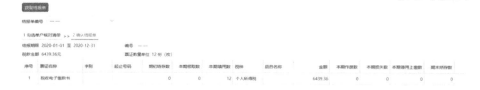

图 1-14 申请退库

弹出"代扣代缴手续费退费申请"窗口,依次选择【开户银行】【银行账号】等,单击【提交】按钮,如图 1-15 所示。

图 1-15 代扣代缴手续费退费申请

【小提示】

◇ 提交后有可能提示退库银行账号不满足条件,需要去税务机关提供银行账号的情况。

4. 提交确认

提交以后,窗口会提示确认,待税务机关审核完成后,即可返还对应的手续费如图 1-16、图 1-17 所示。

图 1-16 提交确认

图 1-17 提交确认完成

三、知识链接

个税返还手续费政策

个税返还手续费政策,是指企业代扣代缴员工个税时可以相应地从税务机关按 2% 比例取得返还的手续费。计算基数不包括税务机关、司法机关等查补或者责令补扣的税款。

四、资源拓展

一般纳税人取得个税手续费返还的会计分录

借:银行存款

  贷:其他收益

    应交税费——应交增值税(销项税额)

项目二　数据初始化与信息采集

【项目描述】

小林是 A 出版集团有限公司的薪酬核算专员,在 2021 年 1 月 3 日收到税务局通知,要求在本月 15 日前完成"自然人税收管理系统扣缴客户端"的安装和注册。同时收到人事部张丹提交的 2021 年 1 月份新入职员工名单,专项附加扣除信息汇总表,退休、离职人员信息表等资料。为了顺利完成工作,小林冷静分析、梳理他需要完成的工作主要有以下七个方面:

(1) 安装"自然人税收管理系统扣缴客户端"并完成账号注册。

(2) 将新入职员工信息录入自然人税收管理系统扣缴客户端中。

(3) 完成新入职员工子女教育支出、继续教育支出、住房贷款利息支出、住房租金支出、赡养老人支出五项专项附加扣除信息填报工作。

(4) 完成将本月退休人员从自然人税收管理系统扣缴客户端删减工作。

(5) 完成将本月离职人员从自然人税收管理系统扣缴客户端删减工作。

(6) 掌握批量导入、修改、删除信息的方法。

(7) 了解员工基础资料的整理、装订方法。

任务一　自然人税收管理系统安装

【任务描述】

应税务局的要求,A 出版集团有限公司需及时安装新版的自然人税收管理系统扣缴客户端软件,并根据企业基础信息,注册自然人税收管理系统账号。

【技能要求】

(1) 掌握个人所得税代扣代缴申报系统——自然人税收管理系统扣缴客户端下载路径。

（2）掌握安装自然人税收管理系统扣缴客户端的方法。

（3）能根据企业基础信息，注册自然人税收管理系统账号。

 案例情景

> 财务处小林接到上级通知，需在 2021 年 1 月 15 日前，下载并安装最新版自然人税收管理系统，依据 A 出版集团有限公司的基本信息注册自然人税收管理系统账号，保障 A 出版集团有限公司 1 月份代扣代缴个人所得税工作顺利进行。

一、业务要求和业务要点

（一）业务要求

（1）下载"自然人税收管理系统扣缴客户端"软件。

（2）了解自然人税收管理系统扣缴客户端的硬件、操作系统、网络等安装条件，完成系统调试工作。

（3）依据企业基本资料，进行自然人税收管理系统扣缴客户端的初始化设置，完成自然人税收管理系统账号注册。

（二）业务要点

（1）目前我国自然人税收管理系统扣缴客户端的下载路径有两个：一是从国家税务总局××税务局官网下载；二是在亿企赢官网的服务中心下载。

（2）"自然人税收管理系统扣缴客户端"软件安装环境要求电脑配备 Windows 7 以上版本的中文操作系统和 4 GB 以上内存，网络环境要求可以直接连接网络。

二、业务流程和实务操作

（一）业务流程（图 2-1）

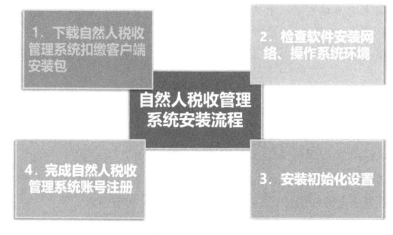

图 2-1   业务流程图

（二）实务操作

1.下载自然人税收管理系统扣缴客户端安装包

路径一：从国家税务总局××税务局官网下载。以在国家税务总局河北省税务局官网下载为例,具体操作步骤如下：

（1）打开国家税务总局河北省税务局官网,如图 2-2 所示。

图 2-2　国家税务总局河北省税务局主页

（2）点击网页中的【资料下载】选项,在【下载中心】页签中点击【软件下载】菜单,选择【自然人税收管理系统扣缴客户端】,将自然人电子税务局扣缴客户端安装包下载到指定目录,如图 2-3、图 2-4 所示。

图 2-3　国家税务总局河北省税务局软件下载菜单

路径二：从亿企赢官方网站下载。具体操作步骤如下：

（1）打开亿企赢官方网址,在页面最底端点击【下载中心】按钮,如图 2-5 所示。

（2）在下载中心界面选择【自然人税收管理系统】页签,选择【自然人税收管理系统扣缴客户端】,将自然人税收管理系统扣缴客户端安装包下载到指定目录,如图 2-6 所示。

四、注意事项

扣缴义务人在客户端下载、软件使用、扣缴纳税申报等环节若遇到问题，可参考相关视频培训资料，或拨打"4001007815"和"12366"服务热线咨询，或联系当地主管税务机关。

软件下载地址：

1. 个人所得税扣缴申报客户端安装包，**点此下载**

2. 个人所得税系统扣缴申报业务和技术标准V1.1下载地址：

http://hebei.chinatax.gov.c

特此通告。

国家税务总局

2018年7月

图 2-4　自然人税收管理系统扣缴客户端下载

图 2-5　亿企赢官方网站下载中心

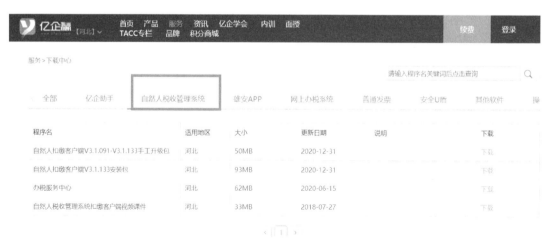

图 2-6　亿企赢网页下载页面

2. 检查软件安装网络、操作系统环境

检查电脑网络是否连接正常，电脑操作系统、内存是否符合安装要求。

3. 安装初始化设置

具体操作步骤如下：

（1）双击【自然人税收管理系统扣缴客户端】安装包，点击【立即安装】按钮，如图 2-7 所示。

（2）录入单位信息。根据安装向导要求，输入两次企业纳税人识别号，请注意字母的大小写，如图 2-8 所示。

图 2-7　自然人税收管理系统扣缴客户端软件初始界面

图 2-8　录入单位信息

（3）获取办税信息。即通过纳税人识别号从税务机关系统获取企业信息，并保存到本地扣缴端的过程，如图 2-9 所示。

（4）备案办税人员信息。输入办税人员的姓名、手机号等基本信息，如图 2-10 所示。

（5）设置数据自动备份。勾选【启动自动备份】选项，设置自动备份目录，如图 2-11 所示。这样选择后，每次退出自然人税收管理系统扣缴客户端时，系统都会自动备份数据。

通过以上操作，企业完成自然人税收管理系统扣缴客户端的账号注册。企业办税人员可以登录自然人税收管理系统扣缴客户端进行个人所得税的申报工作。

2

图 2-9　获取办税信息

图 2-10　备案办税人员信息

图 2-11　设置数据自动备份

三、知识链接

（一）自然人税收管理系统扣缴客户端系统

自然人税收管理系统扣缴客户端是国家税务总局指定的唯一的个人所得税申报软件，是金税工程的重要组成部分。

（二）自然人税收管理扣缴客户端系统显示"2018 年"和"2019 年"两个按钮

为支持新个人所得税法的实施，扣缴客户端升级后有"2018 年原税制"和"2019 年新税制"两种版本模式："2018 年"的版本模式可用于查询 2018 年及之前的数据，以及进行税款所属期 2018 年及以前的申报（含更正申报）；"2019 年"的版本模式适用于税款所属期 2019 年以后的申报（含更正申报）。可通过系统右上角的"版本切换"按钮，切换到另一版本模式下操作。新个人所得税法中的专项附加扣除报送等功能在"2019 年"版本模式中。

四、资源拓展

（一）重装扣缴客户端后，人员信息采集信息为空的处理

自然人税收管理系统扣缴客户端数据均保存在本地，因此如果卸载重装软件或更换电脑安装软件，人员信息都需重新采集。如果之前备份了相关数据文件，可选择恢复相关信息。因此，在安装自然人税收管理系统时需选择【自动备份】设置选项，避免出现数据丢失的状况。

（二）忘记自然人电子税务局（扣缴端）密码的处理

如果扣缴义务人忘记自然人税收管理系统扣缴客户端的申报密码，可以到办税服务厅进行重置，也可以由扣缴单位的法人或财务负责人登录个人所得税 APP 进行重置。

如果扣缴义务人忘记自然人电子税务局（扣缴端）的登录密码，点击扣缴客户端登录界面的【忘记登录密码】，填写当前系统中已存在的三位人员身份信息后，重新设置新密码即可。

任务二　人员信息登记与采集

【任务描述】

根据人事部门传来的人员变动信息，将本月新入职人员基本信息录入自然人税收管理系统扣缴客户端中，在扣缴客户端中修改、删除单位离职、退休职员的基本信息，熟练操作人员信息采集工作。

【技能要求】

（1）能根据新入职人员信息表，在自然人税收管理系统扣缴客户端完成境内、境外人员信息的单个和批量导入、人员信息的报送、获取反馈操作。

（2）能根据公司离职、退休等人员变动情况，在自然人税收管理系统扣缴客户端完成人员信息单个和批量修改、删除等操作。

（3）能解决人员信息登记与采集过程中遇到的报送失败、反馈失败等问题。

 **案例情景**

财务处小林收到人事处张丹传来的 1 月份新招聘人员名单(表 2-1),需要将新员工信息进行有效整理,并依照系统要求将新入职的 5 名员工信息录入自然人税收管理系统扣缴客户端。

表 2-1   2021 年 1 月新招聘员工花名册信息表

工号	姓　名	性别	身份证号	受雇时间	联系电话	是否雇员	学历
0001	陈杰	女	401721198905272011	2021-01-12	15668091212	是	本科
0002	刘议遥	女	370101197506260019	2021-01-12	15240063226	是	本科
0003	董孟宪	男	350301199307170228	2021-01-12	18234056453	是	本科
0006	范宇辉	男	460101196607080014	2021-01-12	15661234508	是	本科
0007	白依宁	女	120101198108090016	2021-01-12	15301231726	是	研究生

其他资料:

2021 年 1 月 15 日,香港总部派李智贤(国籍:中国香港;性别,男;出生日期:1981 年 9 月 20 日;手机号:13156785990)到 A 出版集团有限公司协助研发部进行出版新技术融合的研发,工作时间 2 个月,薪资由 A 出版集团有限公司发放,2 个月期满,返回香港。次日李智贤办理港澳居民来往内地通行证,证件号为 H12345678,2021 年 1 月 15 日入境,前往 A 出版集团有限公司报到上班,预计 2021 年 3 月 20 日离境。

财务处职员杨李,居民身份证 23010119830619003X,1 月 15 日申报更换手机号码为 18333337671,原登记手机号码是 15666068808。

一、业务要求和业务要点

(一) 业务要求

(1) 根据 1 月新招聘员工花名册信息表,将来自境内的 5 名新入职员工信息录入到自然人税收管理系统扣缴客户端。

(2) 将境外人员李智贤的信息录入自然人税收管理系统扣缴客户端。

(3) 在自然人税收管理系统扣缴客户端将职工杨李的手机号进行变更,完成单个或批量修改人员信息,删除无效数据的操作。

(二) 业务要点

(1) 掌握自然人税收管理系统扣缴客户端人员采集系统的必录信息,包括证件类型、证件号码、姓名、性别、国籍、出生日期、任职受雇从业类型和任职受雇从业日期。

(2) 在自然人税收管理系统扣缴客户端中采集人员信息有单个录入和批量导入两种方式。

(3) 掌握在自然人税收管理系统扣缴客户端修改和删除人员信息的方法。

(4) 诊断并修复人员信息采集过程中出现的问题。

二、业务流程和实务操作

（一）业务流程（图 2-12）

图 2-12　业务流程图

（二）实务操作

1. 打开人员信息采集

登录自然人税收管理系统扣缴客户端，检查税款所属期无误后，点击【人员信息采集】按钮，如图 2-13 所示。

图 2-13　人员信息采集页面

2. 批量导入人员信息

（1）选择【境内人员】选项，点击【导入】按钮，选择【模板下载】，将"人员信息表"模板下载到指定目录，如图 2-14 所示。

（2）依据 2021 年 1 月新招聘员工花名册信息表，填写"人员信息表"模板，其中：标明红色 * 的项目是必填项；证照类型选择【居民身份证】的情况下，出生日期可以选择不填写；在职人员的人员状态选择【正常】；离职、辞退人员的人员状态选择【非正常】；任职受雇从业类型选择【雇员】，任职受雇从业日期和手机号码填写完成后，如图 2-15 所示。

图 2-14　人员信息采集模板下载

工号	姓名	*证照类型	*证照号码	国籍(地区)	*性别	*出生日期	*人员状态	*任职受雇从业类型	手机号码	任职受雇从业日期
0001	陈杰	居民身份证	401721198905272011	中国	女		正常	雇员	15668091212	2021-01-12
0002	刘议遥	居民身份证	370101197506260019	中国	女		正常	雇员	15240063226	2021-01-12
0003	董孟宪	居民身份证	350301199307170228	中国	男		正常	雇员	18234056453	2021-01-12
0006	范宇辉	居民身份证	460101196607080014	中国	男		正常	雇员	15661234508	2021-01-12
0007	白依宁	居民身份证	120101198108090016	中国	女		正常	雇员	15301231726	2021-01-12

图 2-15　填写人员信息表模板

（3）点击【导入】按钮选择导入文件，将"人员信息表"模板导入到系统，系统提示导入信息无误后，点击【提交数据】按钮，待系统提示导入提交数据成功后，点击【报送】按钮，如图 2-16～图 2-18 所示。

图 2-16　点击提交数据界面

（4）点击【获取反馈】按钮，完成批量录入人员信息采集工作，如图 2-19 所示。

图 2-17　点击报送

图 2-18　人员信息报送成功

图 2-19　获取反馈完成

3. 单个录入人员信息

利用模板批量导入人员信息,极大地提高了财务人员录入系统的工作效率,如果需要录入人数不多,填报、修改信息很少的情况下,也可以选择单个录入。香港职员李智贤的信息可以选择单个录入,具体操作步骤如下:

(1) 打开自然人税收管理系统扣缴客户端,点击【人员信息采集】按钮,选择【境外人员】选项。

(2) 点击【添加】按钮,在弹出界面里填写境外人员李智贤的姓名、国籍、证件号码、证件类型、出生日期、手机号码、进境离境日期等必填信息。

(3) 点击【报送】和【获取反馈】按钮,完成境外人员李智贤信息录入工作,如图 2-20 所示。

图 2-20　境外人员李智贤信息录入

4. 人员信息修改

当职员的基本信息发生变化时,尤其是自然人税收管理系统扣缴客户端中人员信息采集模块的必填项目发生变化时,财务人员需及时对职员已变更信息进行修改,保障自然人税收管理系统扣缴客户端里的信息准确无误。单位员工杨李的手机号码发生变更,其操作如下:

点击【人员信息采集】,在员工列表里找到杨李,选中双击进入编辑界面,将需要修改的项目手机号码修改为"18333337671"，点击【确定】按钮，完成人员信息的修改工作，如图 2-21 所示。

图 2-21　人员信息修改

三、知识链接

（一）自然人税收管理系统中【删除】按钮的使用说明

（1）如果该人员还未申报任何报表，在自然人税收管理系统扣缴客户端没有申报记录，当发现信息错误，可以直接在系统里删除该条人员信息。点击【人员信息采集】选择【更多操作】，点击【删除】按钮即可完成删除操作。

（2）如果该人员已经完成报表申报，在自然人税收管理系统扣缴客户端存在申报记录，或是虽未申报成功但是该人员【报送状态】显示【报送成功】或【待报送】，为了保障信息的完整性，该人员信息不能删除。对于证照类型、证照号码等关键信息错误，需要先把【人员状态】改为【非正常】，再重新登记正确的人员信息；对于手机号等非关键信息错误可以选择在原记录上修改。

（二）自然人税收管理系统人员信息采集结果显示"身份信息验证不通过"的处理

（1）如果身份证号码正确只是姓名错误，可以在原登记信息上修正姓名。

（2）如果身份证号码错误或是身份证号码和姓名同时错误，需要先将该条登记信息的【人员状态】改为【非正常】，再新增一条正确的自然人登记信息。完成上述修正后，需再次点击【报送】按钮，进行自然人身份验证。

（3）如果反馈信息显示"身份信息验证不通过"，经核实确无问题，为保证按期申报和缴款，可暂忽略该验证结果，按流程进行后续操作。

（4）人员信息报送后，系统会继续对银行信息的人卡一致性进行核验。可在【银行账户】后查看核验结果。核验不通过的，可根据提示信息修改银行账户后重新报送。若采集人员时姓名中包含生僻字，不能通过输入法正常录入的，可先安装生僻字补丁包后再进行人员姓名录入。

四、资源拓展

（一）录入人员信息后，点击【保存】后系统无反应的处理

在人员信息采集界面录入信息后，点击【保存】后系统无反应，请检查带＊号的必填项目是否录入完整，注意检查界面上是否存在标注成红框的漏填项目，若显示存在漏填项目，请将必填项目填写正确后再点击【保存】按钮。其他非必填信息，可以根据实际情况选填。

（二）证件号码录入错误的处理

（1）对于未申报过的人员，在【人员信息采集】中修改更正证件号码信息，点击【保存】即可。

（2）对于已申报过的人员，在【人员信息采集】中将【人员状态】修改为【非正常】，点击【保存】按钮。重新录入正确的人员信息后，再申报当月数据。申报成功后需携带有效身份证件至办税服务厅办理自然人多证同用并档管理。

任务三　人员离职退休变更处理

【任务描述】

根据人事处提交的解除劳动关系合同、退休人员名单等资料，将办理离职、退休人员的信息录入到自然人税收管理系统扣缴客户端。

【技能要求】

（1）能熟练完成自然人税收管理系统扣缴客户端员工状态、受雇从业信息单个及批量变更。

（2）能熟练完成自然人税收管理系统扣缴客户端离职、退休员工单个及批量信息变更。

 案例情景

财务处小林收到人事处传来的本月离职、退休人员信息资料，具体如下：

（1）2021年1月15日，公司因增效减员与在单位工作了10年的何光宗解除劳动关系。

（2）编辑部员工李文信因身体原因，符合30年以上工龄申请提前退休的条件，于2021年1月15日办理提前退休手续。

（3）印刷部员工谢大海符合退休条件，于2021年1月15日办理退休手续。

一、业务要求和业务要点

（一）业务要求

对照公司离退休政策规程，对办理离退休人员何光宗、李文信和谢大海三人的离退休资料进行复核，检查无误后，在自然人税收管理系统扣缴客户端进行人员删减操作。

（二）业务要点

（1）熟悉离职、退休和病退的基本条件和相关文件。

（2）掌握职员离职、退休的基本信息修改操作。

（3）掌握批量修改基本信息的方法。

二、业务流程和实务操作

（一）业务流程（图 2-22）

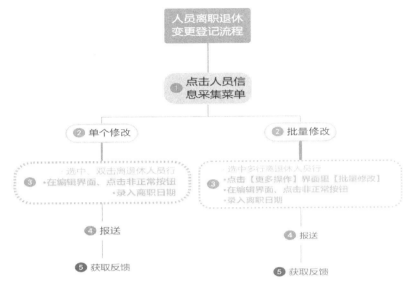

图 2-22 业务流程图

（二）实务操作

1. 单个修改离退休人员信息

具体操作步骤如下：

（1）打开自然人税收管理系统扣缴客户端，在【人员信息采集】界面，选中离退休人员何光宗选项，双击鼠标进入编辑界面，如图 2-23 所示。

图 2-23 选中离职人员何光宗选项

（2）将编辑界面右上角的【人员状态】修改为【非正常】，填写离职日期为【2021.1.15】。完成以上修改后，点击【确定】按钮进行保存，如图 2-24 所示。

图 2-24　修改人员状态

（3）点击人员信息采集界面的【报送】按钮，将填入的离退休人员信息报送至税务局，如图 2-25 所示。

图 2-25　报送修改项目

（4）申报单位职员离退休信息登记后，要及时获取反馈，查看人员信息修改是否成功。

2.批量修改离退休人员信息

具体操作步骤如下：

（1）打开自然人税收管理系统扣缴客户端，在【人员信息采集】界面，依次选中离退休人员何光宗、谢大海和李文信三项，如图2-26所示。

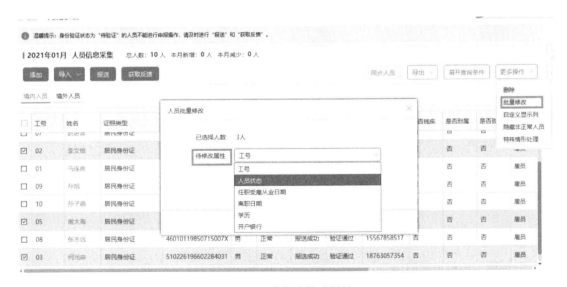

图2-26 人员信息采集选中多人界面

（2）点击人员信息采集界面右上角的【更多操作】按钮，选择【批量修改】选项，在弹出的【人员批量修改】界面里选择【人员状态】，在弹出来的编辑界面里人员状态选择【非正常】，填写离职日期为【2021.1.15】。完成以上修改后，点击【修改】按钮进行保存，如图2-27和图2-28所示。

图2-27 选择待修改属性

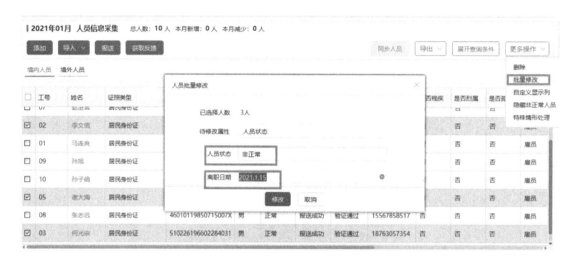

图 2-28 修改人员状态和离职日期

（3）点击人员信息采集界面的【报送】按钮，将填入的离退休人员信息报送至税务局，如图 2-29 所示。

图 2-29 报送修改项目

（4）申报单位职员离退休信息登记后，要及时获取反馈，查看人员信息修改是否成功，完成离退休职员信息数据的采集工作。

三、知识链接

我国职工离病退休的条件

根据《国务院关于安置老弱病残干部的暂行办法》和《国务院关于工人退休、退职的暂行办法》（国发〔1978〕104 号）的规定：

1. 干部退休年龄

党政机关、群众团体、企业、事业单位的干部,符合下列条件之一的,都可以退休。

(1) 男年满六十周岁,女年满五十五周岁,参加革命工作年限满十年的。

(2) 男年满五十周岁,女年满四十五周岁,参加革命工作年限满十年,经过医院证明完全丧失工作能力的。

(3) 因工致残,经过医院证明完全丧失工作能力的。

2. 工人退休年龄

全民所有制企事业单位、机关群众团体的工人,符合下列条件之一的,应该退休:

(1) 男年满六十周岁,女年满五十周岁,连续工龄满十年的。

(2) 从事井下、高空、高温、特别繁重体力劳动或者其他有害身体健康的工作,男年满五十五周岁,女年满四十五周岁,连续工龄满十年的。本项规定也适用于工作条件与工人相同的基层干部。

(3) 男年满五十周岁,女年满四十五周岁,连续工龄满十年,由医院证明,并经劳动鉴定委员会确认,完全丧失劳动能力的。

(4) 因工致残,由医院证明,并经劳动鉴定委员会确认,完全丧失劳动能力的。

2021 年 3 月 12 日,在公布的"十四五"规划和 2035 年远景目标纲要里明确提出,我国将按照"小步调整、弹性实施、分类推进、统筹兼顾"等原则,逐步延迟法定退休年龄。

四、资源拓展

(一) 申请病退的条件

病退是指因病丧失劳动能力而提前退休。企业职工申请病退鉴定,应符合以下条件:

(1) 养老保险缴费原则上满 15 周年,女性 45 周岁以上,男性 50 周岁以上。

(2) 一般类疾病住院出院后满 1 年。

(3) 恶性肿瘤、尿毒症、肢体瘫等难以康复的严重性疾病住院出院后医疗期满。

(4) 精神类疾病住院出院后年满 5 年,且有 5 年系统治疗诊断记录。

(二) 解除劳动关系的一次性补偿收入

(1) 个人因与用人单位解除劳动关系而取得的一次性补偿收入(包括用人单位发放的经济补偿金、生活补助费和其他补助费用),其收入在当地上年职工平均工资 3 倍数额以内的部分,免征个人所得税;超过的部分可视为一次取得数月的工资、薪金收入,允许在一定期限内进行平均,具体平均办法:以个人取得的一次性经济补偿收入,除以个人在本企业的工作年限数,以其商数作为个人的月工资、薪金收入,按照税法规定计算缴纳个人所得税,个人在本企业的工作年限数按实际工作年限数计算,超过 12 年的按 12 计算。

(2) 个人领取一次性补偿收入时按照国家和地方政府规定的比例实际缴纳的住房公积金、医疗保险费、基本养老保险费、失业保险费,可以在计征其一次性补偿收入的个人所得税时予以扣除。

(3) 企业依照国家有关法律规定宣告破产,企业职工从该破产企业取得的一次性安置费收入,免征个人所得税。

任务四　专项附加扣除信息登记与采集

【任务描述】

专项附加扣除信息采集,是指个人所得税法规定的子女教育、继续教育、大病医疗、住房贷款利息或者住房租金、赡养老人以及婴幼儿照护七项专项附加扣除支出信息的采集。在纳税人未自行采集支出项目时,可以由扣缴单位代为采集和报送。本任务仅涉及企业代员工进行专项附加扣除,包括用人单位指导员工填写个人所得税专项附加扣除信息表,审核员工提供的个人专项附加扣除信息的内容,检查无误后,完成批量导入自然人税收管理系统扣缴客户端等工作。

【技能要求】

(1) 了解《个人所得税专项附加扣除操作办法(试行)》政策内容,能够根据《个人所得税专项附加扣除操作办法(试行)》指导员工填报个人所得税专项附加扣除信息表。

(2) 能根据员工提供的子女教育信息表准确采集到自然人税收管理系统扣缴客户端,完成此项专项附加扣除信息的批量导入、信息报送、获取反馈操作。

(3) 能根据员工提供的继续教育支出信息表准确采集到自然人税收管理系统扣缴客户端,完成此项专项附加扣除信息的批量导入、信息报送、获取反馈操作。

(4) 能根据员工提供的住房租金支出信息表准确采集到自然人税收管理系统扣缴客户端,完成此项专项附加扣除信息的批量导入、信息报送、获取反馈操作。

(5) 能根据员工提供的住房贷款利息支出信息表准确采集到自然人税收管理系统扣缴客户端,完成此项专项附加扣除信息的批量导入、信息报送、获取反馈操作。

(6) 能根据员工提供的赡养老人支出信息表准确采集到自然人税收管理系统扣缴客户端,完成此项专项附加扣除信息的批量导入、信息报送、获取反馈操作。

(7) 能根据员工提供的3岁以下婴幼儿照护支出信息表准确采集到自然人税收管理系统扣缴客户端,完成此项专项附加扣除信息的批量导入、信息报送、获取反馈操作。

 案例情景

财务处小林收到人事处传来的新入职员工的专项附加扣除信息汇总表,具体内容如下:

(1) 陈杰家庭情况:现居杭州,已婚(丈夫:谢雨;身份证号:230201198611220436),有一个6岁的女儿(女儿:谢雯;身份证号:340804201506270826)于2018年9月起进入当地杭州金童幼儿园,子女教育由母亲一方全额扣除。

(2) 刘议遥家庭情况:现居杭州,独生子女,需赡养74岁父亲(父亲:刘志国;身份证号:372106194704190873),赡养老人支出按照政策规定进行扣除。

(3) 董孟宪家庭情况:未婚,在杭州租房居住(租赁房屋地址:杭州市西湖区闻言小区11幢三单元301室;租赁时间:2020年7月—2022年7月;出租房类型:个人),住房租金按照规定进行扣除。

(4) 范宇辉家庭情况:现居杭州,已婚(妻子:周琴;身份证号:23010119880825022X),2015年购买位于杭州市滨江区(滨江本级)江南大道3683号杭州艺苑8栋三单元303室,在中国农业银行浦沿支行办理纯公积金贷款30年,贷款合同编号为83472802,合同借款人范宇辉,2015年10月10日首次还款,于2016年取得房屋所有权证,证书号为302839032。

(5) 白依宁家庭情况:现居杭州,未婚,独生子女。2021年1月2日取得注册会计师证书(发证单位:浙江省财政厅;证书编号:B06140672)。

一、业务要求和业务要点

（一）业务要求

（1）根据员工提供的资料信息，分析员工的专项附加扣除类型。

（2）在自然人税收管理系统扣缴客户端完成各项专项附加扣除信息的单个或批量填报。

（3）完成专项附加扣除项目的报送、获取反馈的操作。

（4）运用下载更新功能实现专项附加扣除信息的填报。

（二）业务要点

（1）熟悉专项附加扣除内容和扣除标准。

（2）掌握填报专项附加扣除信息的范围。

（3）掌握在自然人税收管理系统扣缴客户端填报专项附加扣除信息的方法。

二、业务流程和实务操作

（一）业务流程（图 2-30）

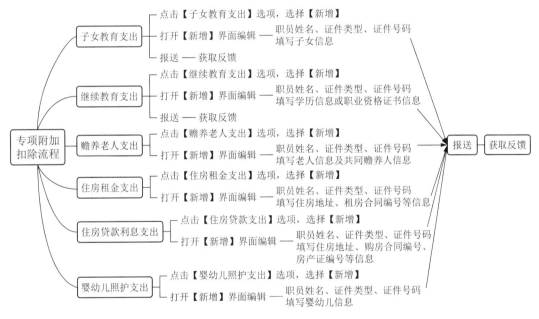

图 2-30　业务流程图

（二）实务操作

1. 子女教育支出信息录入

具体操作步骤如下：

（1）点击【专项附加扣除】选择【子女教育支出】，在弹出窗口选择【新增】选项，在【新增2021年子女教育支出信息】界面选择职员【陈杰】，系统自动填入身份证号码信息，手动录入职员配偶姓名和配偶身份证号码。

（2）在【子女教育支出信息】下方点击【新增】按钮，在弹出的列表里录入子女姓名、身份证号码、国籍、当前受教育阶段、受教育开始日期、就读学校名称、以及本人扣除比例,填写＊标识的必填项后,点击【保存】按钮,如图 2-31 所示。

图 2-31 新增 2021 年子女教育支出信息

2.继续教育支出信息录入

具体操作步骤如下:

(1)点击【专项附加扣除】选择【继续教育支出】,在弹出窗口选择【新增】选项,在【新增 2021 年继续教育支出信息】界面选择职员【白依宁】,系统自动填入职员姓名和身份证号码。

(2)在【职业资格继续教育情况】下方点击【新增】按钮,在弹出的列表里录入继续教育类型、发证批准日期、证书名称、证书编号,填写＊标识的必填项后,点击【保存】按钮,如图 2-32 所示。

图 2-32 新增 2021 年继续教育支出信息

3. 住房贷款利息支出信息录入

具体操作步骤如下：

（1）点击【专项附加扣除】选择【住房贷款利息支出】，在弹出窗口选择【新增】选项，在【新增 2021 年住房贷款利息支出信息】界面选择职员【范宇辉】，系统自动填入职员姓名和身份证号码信息。

（2）在【配偶信息】栏填写配偶的姓名和身份证号码。

（3）在【住房信息】栏填写房屋楼牌号、证书类型、证书号码、本人是否借款人等信息。

（4）在【公积金贷款信息】栏填写贷款合同编号，首次还款日期、贷款期限、贷款银行等带有必填 ＊ 标识的选项后，点击【保存】按钮，如图 2-33 所示。

图 2-33　新增 2021 年住房贷款支出信息

4. 住房租金支出信息录入

具体操作步骤如下：

（1）点击【专项附加扣除】选择【住房租金支出】，在弹出窗口选择【新增】选项，在【新增 2021 年住房租金支出信息】界面选择职员【董孟宪】，系统自动填入职员姓名和身份证号码信息。

（2）在【配偶信息】栏选择无配偶。

（3）在【住房租金支出信息】栏下方点击【新增】按钮，填写工作城市、出租人类型、房屋坐落楼牌号、租赁日期起、和租赁日期止等带有必填 ＊ 标识的选项后，点击【保存】按钮，如图 2-34 所示。

5. 赡养老人支出信息录入

具体操作步骤如下：

（1）点击【专项附加扣除】选择【赡养老人支出】，在弹出窗口选择【新增】选项，在【新增 2021 年赡养老人支出信息】界面界面选择职员【刘议遥】，系统自动填入职员姓名和身份证号码信息。

图 2-34 新增 2021 年住房租金支出信息

（2）在【被赡养人信息】下方点击【新增】按钮，在弹出的列表里录入被赡养人的基本信息，姓名、身份证号码、国籍、关系、出生日期等带 * 标识的必填项后，点击【保存】按钮，如图 2-35 所示。

图 2-35 新增 2021 年赡养老人支出信息

【小提示】

◇ 如果申报人是非独生子女，则需在【共同赡养人信息】栏中填写共同赡养人员的信息，并注明赡养人之间的分配比例。

6. 批量录入专项附加扣除信息

如果职工有多项专项附加扣除的信息，单项录入的工作量会很大，可以选择利用模板进行批量申报，点击任意一项专项附加扣除，点击【导入】选项里的【模板下载】选项，将模板下

载后,填写模板信息,再点击【导入】选项里的【模板下载】选项,将模板导入系统,如图 2-36
和图 2-37 所示。

图 2-36　模板下载

图 2-37　模板填写

7. 报送

点击【人员信息采集】界面的【报送】按钮,将填入的专项附加扣除信息报送至税务局。

8. 获取反馈

申报单位职员专项附加扣除信息后,要及时获取反馈,查看人员信息申报是否成功,完
成专项附加扣除信息的填报工作。

三、知识链接

(一) 个人所得税的专项附加扣除的内容

根据国务院《关于印发个人所得税专项附加扣除暂行办法的通知》(国发〔2018〕41 号)、

国务院《关于设立 3 岁以下婴幼儿照护个人所得税专项附加扣除的通知》(国发〔2022〕8 号)文件,个人所得税法规定的子女教育、继续教育、大病医疗、住房贷款利息或者住房租金、赡养老人、婴幼儿照护等 7 项专项附加扣除。

(二)专项附加扣除的标准

(1) 子女教育支出。纳税人的子女接受全日制学历教育的相关支出,按照每个子女每月 1 000 元的标准定额扣除。

学历教育包括义务教育(小学、初中教育)、高中阶段教育(普通高中、中等职业、技工教育)、高等教育(大学专科、大学本科、硕士研究生、博士研究生教育)。

(2) 继续教育支出。纳税人在中国境内接受学历(学位)继续教育的支出,在学历(学位)教育期间按照每月 400 元定额扣除。同一学历(学位)继续教育的扣除期限不能超过 48 个月。纳税人接受技能人员职业资格继续教育、专业技术人员职业资格继续教育的支出,在取得相关证书的当年,按照 3 600 元定额扣除。

个人所得税——继续教育、子女教育

(3) 大病医疗支出。在一个纳税年度内,纳税人发生的与基本医保相关的医药费用支出,扣除医保报销后个人负担(指医保目录范围内的自付部分)累计超过 15 000 元的部分,由纳税人在办理年度汇算清缴时,在 80 000 元限额内据实扣除。

(4) 住房贷款利息支出。纳税人本人或者配偶单独或者共同使用商业银行或者住房公积金个人住房贷款为本人或者其配偶购买中国境内住房,发生的首套住房贷款利息支出,在实际发生贷款利息的年度,按照每月 1 000 元的标准定额扣除,扣除期限最长不超过 240 个月。

个人所得税——大病医疗支出、赡养老人

(5) 住房租金支出。纳税人在主要工作城市没有自有住房而发生的住房租金支出,可以按照以下标准定额扣除:

① 直辖市、省会(首府)城市、计划单列市以及国务院确定的其他城市,扣除标准为每月 1 500 元。

② 除第一项所列城市以外,市辖区户籍人口超过 100 万的城市,扣除标准为每月 1 100 元;市辖区户籍人口不超过 100 万的城市,扣除标准为每月 800 元。

(6) 赡养老人支出。纳税人赡养一位及以上被赡养人的赡养支出,统一按照以下标准定额扣除:

① 纳税人为独生子女的,按照每月 2 000 元的标准定额扣除。

个人所得税——租房租金支出、住房贷款利息支出

② 纳税人为非独生子女的,由其与兄弟姐妹分摊每月 2 000 元的扣除额度,每人分摊的额度不能超过每月 1 000 元。可以由赡养人均摊或者约定分摊,也可以由被赡养人指定分摊。约定或者指定分摊的须签订书面分摊协议,指定分摊优先于约定分摊。具体分摊方式和额度在一个纳税年度内不能变更。

(7) 婴幼儿照护支出。纳税人照护 3 岁以下婴幼儿子女的相关支出,自 2022 年 1 月 1 日起,按照每名婴幼儿每月 1 000 元的标准定额扣除。父母可以选择由其中一方按扣除标准的 100% 扣除,也可以选择由双方分别按扣除标准的 50% 扣除,具体扣除方式在一个纳税年度内不得变更。纳税人需要将子女的出生医学证明等资料留存备查。监护人不是父母的,监护人也可按上述规定扣除。起止时间为婴幼儿出生当月至 3 周岁享受学前教育专项扣除的前一月。

四、资源拓展

（一）员工没能及时将专项附加扣除信息提交给单位的处理

员工没能及时将专项附加扣除信息提交给单位,扣缴义务人可在当年剩余月份发放工资时补扣,不影响员工享受专项附加扣除。如员工 A 在 2019 年 3 月份向单位首次报送其正在上幼儿园的 4 岁女儿相关信息,则 3 月份该员工可在本单位发工资时累计可扣除子女教育支出为 3 000 元(1 000 元/月×3 个月)。到 4 月份该员工可在本单位发工资时累计可扣除子女教育支出为 4 000 元(1 000 元/月×4 个月)。

（二）员工一年内都没将专项附加扣除信息提交给单位的影响

在次年 6 月 30 日汇算清缴前申报就没有影响。在一个纳税年度内,员工没有及时将专项附加扣除信息报送给单位,以致在扣缴义务人预扣预缴工资、薪金所得时未享受扣除,员工可以在次年 3 月 1 日至 6 月 30 日内,向汇缴地主管税务机关进行汇算清缴申报时办理扣除。

（三）批量导入专项附加扣除信息后,提示部分导入未成功的处理

在导入失败情况下,自然人税收管理系统扣缴客户端会在导入文件夹下生成一张导入失败的错误信息表。请查看具体错误原因,修改完善好对应内容后重新导入即可。

任务五　员工基础资料整理

【任务描述】

月末收集职工报销费用的单据、企业发放职工福利的汇总表以及企业组织员工参与的公益性捐款或职工以个人名义进行的公益性捐赠等单据,审核有效单据,建立报销台账、公益性捐赠台账和职工福利台账。依据会计档案管理的章程,对会计数据进行整理和装订。

【技能要求】

（1）能准确整理员工报销资料,利用 Excel 办公软件将员工报销资料准确处理,编制相应台账。

（2）能整理员工通过公司或其他途径捐赠的资料,利用 Excel 办公软件将员工捐赠资料准确处理,编制相应台账。

（3）能整理公司发放的各种福利资料,利用 Excel 办公软件将员工报销资料准确处理,编制相应台账。

（4）能根据《会计档案管理办法》,制定档案管理操作规范及要求,打印电子单据、纳税申报表等纸质资料,装订成册,并妥善保管。

（5）能按照会计档案借阅制度严格执行档案的借阅管理,防止档案的丢失或被篡改。

 案例情景

月底财务处的小林需要将本月收集的职工出差报销住宿发票、火车票、飞机票、报销费用明细表等业务票据、春节发放购物卡礼品的职工福利汇总表以及职工公益性捐赠收据等会计资料进行整理,依规建立台账进行连续记录,月底将相关资料装订成册。依据《会计档案管理办法》的规定,对上述员工基础资料进行妥善保存管理。

一、业务要求和业务要点

（一）业务要求

（1）能够准确区分出差补助和报销费用业务单据，进行准确整理和建立台账。

（2）整理职工公益性捐赠的捐赠票据、银行支付凭证、捐赠收据和捐赠财产价值证明等单据，并建立台账。

（3）整理企业发放职工福利的明细表并建立台账。

（4）熟悉会计资料的整理、装订方法。

（5）遵守会计职业道德规范，严格执行《会计档案管理办法》规定。

（二）业务要点

（1）区分出差补助和报销费用两种业务。

（2）判别捐赠支出的有效票据。

（3）掌握职工福利费发放表的整理方法。

（4）熟悉《会计档案管理办法》会计资料的整理与保管原则。

二、业务流程和实务操作

（一）业务流程（图 2-38）

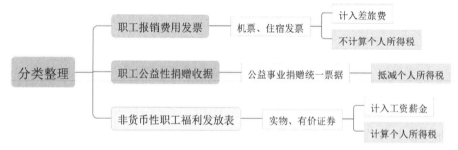

图 2-38　业务流程图

（二）实务操作

1. 收集整理报销费用资料

收集员工出差报销的火车票、飞机票、长途汽车票、订票费、退票费、住宿费等票据，完整记录报销人出差目的地、出差事项、出差天数、报销车票、住宿发票的金额、餐补、交通补助等信息。运用 Excel 软件建立差旅费报销台账，及时完整记录职工出差报销费用，如图 2-39 所示。

2. 收集整理捐赠支出资料

根据《财政部　税务总局关于公益慈善事业捐赠个人所得税政策的公告》（财税〔2019〕99 号）规定，个人通过中华人民共和国境内公益性社会组织、县级以上人民政府及其部门等国家机关，向教育、扶贫、济困等公益慈善事业的捐赠，发生的公益捐赠支出，可以按照个人所得税法有关规定在计算应纳税所得额时扣除。财会人员需要将员工个人捐赠取得的公益事业捐赠统一票据在公司捐赠支出台账上完整记录，包括捐赠日期、捐赠途径、捐赠对象、捐款事由、捐款形式和财务形式等信息，如图 2-40 所示。

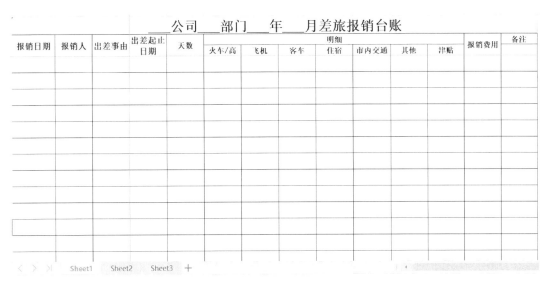

___公司___部门___年___月差旅报销台账													
报销日期	报销人	出差事由	出差起止日期	天数	明细							报销费用	备注
					火车/高	飞机	客车	住宿	市内交通	其他	津贴		

Sheet1 Sheet2 Sheet3 +

图 2-39 差旅费台账界面

___公司___部门___年___捐赠支出台账												
捐赠日期	捐赠人	捐赠途径（公司组织）	捐赠途径（个人）	捐赠对象（政府/组织）	明细							
					捐款事由	捐款方式	财务形式	有无票据	票据编号	经办人	其他	金额

公司 个人 +

图 2-40 捐赠支出台账界面

3. 收集整理职工福利资料

收集企业发放的住宿补贴、交通补贴、话费补贴、过节费、取暖费等货币性职工福利信息，完整地记录职工福利费台账，同时收集企业发放非货币性职工福利的资料，审核发放非货币性职工福利的审批手续是否完整规范，非货币性职工福利发放表签字是否齐全，将企业发放的非货币性实物、礼品卡等职工福利信息，及时完整地记录在职工福利费台账中，如图 2-41 所示。

4. 资料整理、装订

企业在进行会计核算等过程中接收或形成的，记录和反映单位经济业务事项的，具有保存价值的文字、图表等各种形式的会计资料，包括通过计算机等电子设备形成、传输和存储

职工福利费台账

2021年		合计金额	姓名	礼品卡	礼品	住宿补贴	话费补贴	食堂补贴	交通补贴	过节费	高温费	补贴标准
月	日											
合计												

图 2-41 职工福利费台账界面

的电子会计档案,需按照《会计档案管理办法》归档范围和归档要求,负责定期将应当归档的会计资料整理立卷,编制会计档案保管清册。

三、知识链接

(一)公益性捐款支出可以抵减个人所得税的情形

居民个人按照以下规定扣除公益捐赠支出:

(1)居民个人发生的公益捐赠支出可以在财产租赁所得、财产转让所得、利息股息红利所得、偶然所得(以下统称分类所得)、综合所得或者经营所得中扣除。在当期一个所得项目扣除不完的公益捐赠支出,可以按规定在其他所得项目中继续扣除。

(2)居民个人发生的公益捐赠支出,在综合所得、经营所得中扣除的,扣除限额分别为当年综合所得、当年经营所得应纳税所得额的百分之三十;在分类所得中扣除的,扣除限额为当月分类所得应纳税所得额的百分之三十。

(3)居民个人根据各项所得的收入、公益捐赠支出、适用税率等情况,自行决定在综合所得、分类所得、经营所得中扣除的公益捐赠支出的顺序。

(二)补助、报销收入个人所得税的缴纳

职工因异地出差取得的差旅费津贴、误餐补助是不需要计入到工资薪金所得,缴纳个人所得税的,出差报销取得的报销收入本质上是垫资返还收入也是不需要缴纳个人所得税的,只有不因出差行为产生,全体员工都有的伙食补贴、交通补贴、电话补贴需要计入工资薪酬所得收入,计算个人所得税。

四、资源拓展

(一)个人捐赠确定捐赠金额

捐赠现金的按照实际捐赠金额确定捐赠额;捐赠口罩、防护服等实物物资,按照市场价格确定捐赠额。其中,市场价格将由公益性社会组织按照捐赠相关制度规定的办法评估,并经捐赠人同意后确定。

（二）单位统一组织员工进行公益捐赠可否抵减个税

按照《财政部　税务总局关于公益慈善事业捐赠个人所得税政策的公告》（财税〔2019〕99号）的规定，机关、企事业单位统一组织员工开展公益捐赠的，纳税人可以凭汇总开具的捐赠票据和员工明细单扣除。

（三）《关于支持新型冠状病毒感染的肺炎疫情防控有关个人所得税政策的公告》中的免税项目

（1）对参加疫情防治工作的医务人员和防疫工作者按照政府规定标准取得的临时性工作补助和奖金，免征个人所得税。政府规定标准包括各级政府规定的补助和奖金标准。

对省级及省级以上人民政府规定的对参与疫情防控人员的临时性工作补助和奖金，比照执行。

（2）单位发给个人用于预防新型冠状病毒感染的肺炎的药品、医疗用品和防护用品等实物（不包括现金），不计入工资、薪金收入，免征个人所得税。

2

项目三 综合所得实务处理

【项目描述】

小林是 A 出版集团有限公司的薪酬核算专员,在 2021 年 2 月 10 日收到财务部赵婷提交的 2021 年 1 月份工资发放表、会计资料和员工的资料,经详细沟通,小林还从赵婷处了解到,1 月除了支付员工的工资薪金外,还涉及以下几个事项:

(1) 2020 年 12 月公司解雇某部门的 1 名员工,在 1 月支付一次性补偿款。

(2) 公司 2020 年度年终奖在 1 月发放。

(3) 2020 年 12 月邀请某大学的王教授给某部门员工做相关的专题讲座,1 月支付王教授讲课费。

(4) 某大学王教授编写一本教材,按合同约定在 1 月支付给王教授稿酬。

(5) 公司在 1 月支付某大学薛教授专利权使用费。

上级领导安排小林根据工资表和会计资料、员工提交的资料完成各类人员各项所得的计算和填报,最终完成个人所得税的预扣预缴工作。

小林需要对内外部人员的个人所得税应纳税所得额进行准确计算,初步完成税款计算,并在自然人税收管理系统扣缴客户端熟练完成正常工资薪金所得、全年一次性奖金收入、解除劳动合同一次性补偿金、劳务报酬所得、稿酬所得、特许权使用费所得信息的填报,同时填报各类减免事项、商业健康保险、税收递延型养老保险信息的填报,最终完成 1 月税款所属期的纳税申报。

因公司规模大、人员多,小林需要通过系统模板对各类信息进行批量导入、修改和删除。

任务一 工资薪金所得实务处理

【任务描述】

根据财务部提交的工资发放表、会计资料和员工提交的资料,对员工的工资薪金所得进行准确计算,初步完成税款计算,并在自然人税收管理系统扣缴客户端熟练完成正常工资薪金所得个人所得税预扣预缴的填报。

【技能要求】

（1）能熟练掌握工资薪金所得个人所得税预扣预缴税额的计算方法。

（2）会熟练办理自然人税收管理系统扣缴客户端正常工资薪金所得单个和批量填报，包括员工正常工资薪金所得，本期收入及免税收入、本期专项扣除、专项附加扣除、其他扣除等项目。

（3）会熟练办理单个或批量的工资薪金所得信息的修改、删除及查询。

 案例情景

> 小林在 2021 年 2 月 10 日拿到财务部赵婷提交的 2021 年 1 月份工资薪金计算发放表（表 3-1），需要根据工资表和相关资料完成对员工何学文、贺雪、俞明 3 人 2021 年 1 月税款所属期个人所得税的预扣预缴工作。
>
> 表 3-1　　　　　　　　　**2021 年 1 月份工资薪金计算发放表**　　　　　　　单位：元
>
> | 序号 | 姓　　名 | 基本工资 | 住房补贴 | 绩效工资 | 应发工资 | 养老金 | 医疗保险 | 失业保险 | 公积金 |
> |---|---|---|---|---|---|---|---|---|---|
> | 001 | 何学文 | 14 200.00 | 1 000.00 | 1 500.00 | 16 700.00 | 825.00 | 330.00 | 27.50 | 1 420.00 |
> | 002 | 贺　雪 | 10 280.00 | 800.00 | 1 000.00 | 12 080.00 | 825.00 | 330.00 | 27.50 | 1 028.00 |
> | 003 | 俞　明 | 12 740.00 | 500.00 | 800.00 | 14 040.00 | 825.00 | 330.00 | 27.50 | 1 274.00 |
>
> 员工基础信息：
>
> 何学文，中国人，身份证号 410102198309212118
>
> 贺　雪，中国人，身份证号 340801196307020125
>
> 俞　明，中国人，身份证号 230101197605230017
>
> 其他资料：
>
> 何学文家庭情况：现居杭州，独生子女，需赡养 64 岁父亲（父亲：何刚，身份证号：330201195708250528），赡养老人支出按照政策规定进行扣除；已婚（妻子：周鑫雯，身份证号：330824198609090263）；有一个 14 岁的女儿（女儿：何岁岁，身份证号：230128200712156026），女儿于 2019 年 9 月起进入杭州市翠园第一小学读六年级，因妻子未工作，所以夫妻二人商定，子女教育项目由何学文一人按 100% 比例进行扣除。

一、业务要求和业务要点

（一）业务要求

（1）计算员工何学文、贺雪、俞明 3 人的个人工资薪金所得应纳税所得额。

（2）计算工资薪金个人所得税预扣预缴税额。

（3）在自然人税收管理系统扣缴客户端完成正常工资薪金所得信息单个和批量填报。

（4）使用自然人税收管理系统扣缴客户端进行综合所得申报正常工资薪金所得相关信息的查询和修改，包括查询具体人员的工资薪金填报信息和单个修改、批量修改具体人员的工资薪金填报信息。

　　（5）进行工资薪金所得申报，发送申报表。

　　（6）完成工资薪金所得个人所得税的预扣预缴。

（二）业务要点

（1）掌握居民个人工资薪金所得个人所得税预扣率，如表3-2所示。

表 3-2　　　　　　　　　　　个人所得税预扣率表一

（居民个人工资、薪金所得预扣预缴适用）

级数	全年累计预扣预缴应纳税所得额	预扣率（%）	速算扣除数（元）
1	不超过 36 000 元的部分	3	0
2	超过 36 000 元至 144 000 元的部分	10	2 520
3	超过 144 000 元至 300 000 元的部分	20	16 920
4	超过 300 000 元至 420 000 元的部分	25	31 920
5	超过 420 000 元至 660 000 元的部分	30	52 920
6	超过 660 000 元至 960 000 元的部分	35	85 920
7	超过 960 000 元的部分	45	181 920

（2）了解专项附加扣除的各项规定。

二、业务流程和实务操作

（一）业务流程（图 3-1）

图 3-1　业务流程图

（二）实务操作

1. 计算工资薪金所得个人所得税预扣预缴税额

何学文预缴预缴税额＝（14 200＋1 000＋1 500－825－330－27.5－1 420－2 000－1 000－

5 000)×3%=182.93(元)

贺雪预扣预缴税额＝(10 280＋800＋1 000－825－330－27.5－1 028－5 000)×3%＝146.09(元)

俞明预扣预缴税额＝(12 740＋500＋800－825－330－27.5－1 274－5 000)×3%＝197.51(元)

2. 填写正常工资薪金所得报表

(1) 打开自然人税收管理系统扣缴客户端,点击【综合所得申报】,填写正常工资薪金所得,如图 3-2 所示。

图 3-2 正常工资薪金所得填写界面

图 3-3 单个添加正常工资薪金所得界面

（2）填写正常工资薪金所得信息，有单个添加和批量导入两种方式。

① 单个添加。点击【添加】按钮，弹出"正常工资薪金所得新增"界面，录入单个数据，录入完成后，点击【保存】按钮，如图 3-3 所示。

② 批量导入。点击【导入】—【模板下载】，在模板中填写完整信息，再点击【导入】—【导入数据】，选择模板导入系统数据，如图 3-4 所示。系统自动进行数据读取，可查看到正确数据，点击【提交数据】，完成数据导入。如需要将填写好的数据导出，可以选择导出当页或者选择导出全部。

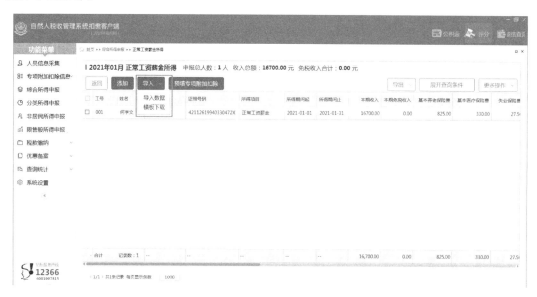

图 3-4　批量导入正常工资薪金所得数据界面

（3）预填专项附加扣除项目。正常工资薪金所得填报完成后，点击【预填专项附加扣除】按钮进行预填，如图 3-5 所示。

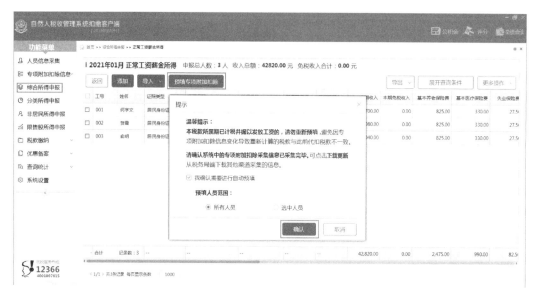

图 3-5　预填专项附加扣除界面

【小提示】

◇ 如果人员或者专项附加扣除项目有变动,需要先在【人员信息采集】和【专项附加扣除信息采集】界面进行信息维护,再填写正常工资薪金所得报表。

(4)进行税款计算。申报系统有"在线算税"和"离线算税"两种模式,正常情况下应选择"在线算税"模式进行税款计算,点击【税款计算】按钮,每个人员的累计收入、应纳税额、应补退税额事项会自动生成,如图 3-6 所示。

图 3-6　税款计算界面

三、知识链接

(一)工资、薪金所得

工资、薪金所得是指个人因任职或者受雇而取得的工资、薪金、奖金、年终加薪、劳动分红、津贴、补贴以及与任职或者受雇有关的其他所得。个人所得的形式包括现金、实物、有价证券和其他形式的经济利益。

(二)居民个人工资薪金所得预扣预缴税额计算

居民个人工资薪金所得预扣预缴个人所得税税额计算公式如图 3-7 所示。

(三)扣缴义务人的义务及法律责任

(1)扣缴义务人应当依法办理全员全额扣缴申报。

(2)扣缴义务人每月或者每次预扣、代扣的税款,应当在次月十五日内缴入国库,并向税务机关报送《个人所得税扣缴申报表》。

(3)居民个人向扣缴义务人提供有关信息并依法要求办理专项附加扣除的,扣缴义务人应当按照规定在工资、薪金所得按月预扣预缴税款时予以扣除,不得拒绝。

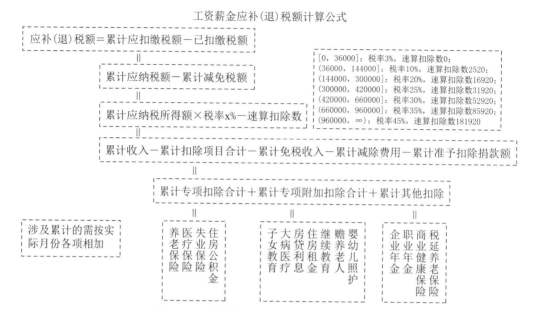

图 3-7 工资薪金所得预扣预缴税额计算公式

（4）扣缴义务人应当按照纳税人提供的信息计算税款、办理扣缴申报，不得擅自更改纳税人提供的信息。

（5）扣缴义务人对纳税人向其报告的相关基础信息变化情况，应当于次月扣缴申报时向税务机关报送。

（6）扣缴义务人未按照规定的期限向税务机关报送代扣代缴、代收代缴税款报告表和有关资料的，由税务机关责令限期改正，可以处二千元以下的罚款；情节严重的，可以处二千元以上一万元以下的罚款。

四、资源拓展

（一）差旅费中可能存在的个人所得税问题的处理

1. 涉及差旅费补贴的个人所得税现行规定

（1）根据《征收个人所得税若干问题的规定》（国税发〔1994〕89 号），下列不属于工资、薪金性质的补贴、津贴或者不属于纳税人本人工资、薪金所得项目的收入，不征税：①独生子女补贴；②执行公务员工资制度未纳入基本工资总额的补贴、津贴差额和家属成员的副食品补贴；③托儿补助费；④差旅费津贴、误餐补助。

（2）根据现行个人所得税法和有关政策规定，单位以现金方式给出差人员发放交通费、餐费补贴应征收个人所得税，但如果单位是根据国家有关一定标准，凭出差人员实际发生的交通费、餐费发票作为公司费用予以报销，可以不作为个人所得征收个人所得税。

2. 出差补助报销的注意事项

对个人取得的按照出差天数、路程等取得的现金差旅费津贴在纳税申报时，应由纳税人提供出差的交通费、住宿费凭证或单位安排出差的有关计划，符合规定标准的免税。超过标准的部分，要并入当月的工资薪金所得征收个人所得税。尽管很多地方是参照《中央和国家机关差旅费管理办法》文件执行的，但由于经济发达程度不同，各地的标准也可能不尽相同，也要看当地有没有具体规定。单位应建立规范的差旅费报销制度，明确规定出差补助标准，如果当地税务机关要求备案的应按规定进行备案。

（二）误餐费中可能存在的个人所得税问题的处理

1. 涉及误餐费补助的个人所得税现行规定

（1）根据《财政部 国家税务总局关于误餐补助范围确定问题的通知》（财税〔1995〕82号）文件的规定，不征税的误餐补助，是指按财政部门规定，个人因公在城区、郊区工作，不能在工作单位或返回就餐，确实需要在外就餐的，根据实际误餐顿数，按规定的标准领取的误餐费。除上述情形外，单位以误餐补助名义发给职工的补贴、津贴，属于工资薪金，应当并入当月工资、薪金所得计征个人所得税。

单位以误餐补助名义发给职工的补贴、津贴，是否属于工资薪金

（2）根据《国家税务总局关于生活补助费范围确定问题的通知》（国税发〔1998〕155号）规定，下列收入不属于免税的福利费范围，应当并入纳税人的工资、薪金收入计征个人所得税：①从超出国家规定的比例或基数计提的福利费、工会经费中支付给个人的各种补贴、补助；②从福利费和工会经费中支付给单位职工的人人有份的补贴、补助；③单位为个人购买汽车、住房、电子计算机等不属于临时性生活困难补助性质的支出。

2. 误餐费补助办理的注意事项

（1）单位内部未设食堂，员工中午需要外出就餐，或者单位员工由于经常外出办理业务，中午无法赶回单位就餐，单位给予的误餐补助是否需要缴纳个人所得税的问题。单位按当地政策规定和要求，发放给职工的误餐费，不作为个人所得，不征收个人所得税，而企业以内部未设置食堂为由，给予员工的就餐补助不属于误餐补助的范畴，应当按照"工资、薪金所得"项目缴纳个人所得税。

（2）公司员工固定在某餐厅就餐，月底由公司与餐厅统一结算，结算的费用是否分摊到个人名下并入工资薪金所得计征个人所得税的问题。如果就餐费用由公司按月与餐厅结算，并不向职工支付就餐补助，结算费用不计入工资薪金缴纳个人所得税。

（三）公务车和通信补贴可能存在的个人所得税问题的处理

1. 涉及公务车和通信补贴的个人所得税现行规定

（1）根据《国家税务总局关于个人因公务用车制度改革取得补贴收入征收个人所得税问题的通知》（国税函〔2006〕245号）文件规定，因公务用车制度改革而以现金、报销等形式向职工个人支付的收入，均应视为个人取得公务用车补贴收入，按照"工资、薪金所得"项目计征个人所得税。

（2）根据《国家税务总局关于个人所得税有关政策问题的通知》（国税发〔1999〕58号）文件规定，个人因公务用车和通信制度改革而取得的公务用车、通信补贴收入，扣除一定标准的公务费用后，按照"工资、薪金"所得项目计征个人所得税。按月发放的，并入当月"工资、薪金"所得计征个人所得税；不按月发放的，分解到所属月份并与该月份"工资、薪金"所得合并后计征个人所得税。公务费用的扣除标准，由省税务局根据纳税人公务交通、通信费用的实际发生情况调查测算，报经省级人民政府批准后确定并报国家税务总局备案。

2. 公务车和通信补贴办理的注意事项

公务车和通信补贴收入低于规定扣除标准的，在计征个人所得税前予以扣除；超过扣除标准的，就超出部分并入当月工资、薪金所得征收个人所得税。

3

任务二　年终奖实务处理

【任务描述】

根据财务部提交的全年一次性奖金收入计算发放表、会计资料和员工提交的资料,对员工的全年一次性奖金收入所得进行准确计算,初步完成税款计算,并在自然人税收管理系统扣缴客户端熟练完成全年一次性奖金收入所得个人所得税预扣预缴的填报。

【技能要求】

(1) 能熟练掌握全年一次性奖金收入个人所得税预扣预缴税额的计算方法。

(2) 能熟练完成自然人税收管理系统扣缴客户端全年一次性奖金收入单个和批量填报,包括奖金额、扣除捐赠额、免税收入等项目。

(3) 能熟练完成单个或批量的全年一次性奖金收入的修改、删除及查询。

 案例情景

小林在 2021 年 2 月 10 日拿到财务部赵婷提交的全年一次性奖金收入明细表(表 3-2),需要根据奖金收入明细表完成对员工陈伟、方大刚、周薇 3 人 2020 年度全年一次性奖金的个人所得税计算,并进行预扣预缴个人所得税工作。

表 3-2　　　　　　　　　　2020 年全年一次性奖金收入明细表

工　号	姓　名	年终奖(元)
001	陈　伟	100 000.00
002	方大刚	8 000.00
003	周　薇	6 000.00

一、业务要求和业务要点

(一) 业务要求

(1) 准确计算员工陈伟、方大刚、周薇 3 人的全年一次性奖金个人所得税预扣预缴税额。

(2) 在自然人税收管理系统扣缴客户端完成全年一次性奖金收入信息单个和批量填报。

(3) 使用自然人税收管理系统扣缴客户端进行全年一次性奖金收入相关信息的查询和修改,包括查询具体人员的全年一次性奖金收入填报信息和单个修改、批量修改具体人员的全年一次性奖金收入填报信息。

(4) 进行全年一次性奖金收入申报,发送申报表。

(5) 完成全年一次性奖金收入个人所得税的预扣预缴。

(二) 业务要点

(1) 掌握按月换算后的居民个人综合所得税率,如表 3-3 所示。

表 3-3　　　　　　　　　　按月换算后的个人所得税综合所得税率表

级数	（月或次）应纳税所得额	税率(%)	速算扣除数(元)
1	不超过 3 000 元的	3	0
2	超过 3 000 元至 12 000 元的部分	10	210
3	超过 12 000 元至 25 000 元的部分	20	1 410
4	超过 25 000 元至 35 000 元的部分	25	2 660
5	超过 35 000 元至 55 000 元的部分	30	4 410
6	超过 55 000 元至 80 000 元的部分	35	7 160
7	超过 80 000 元的部分	45	15 160

（2）了解全年一次性奖金收入的各项规定。

二、业务流程和实务操作

（一）业务流程(图 3-8)

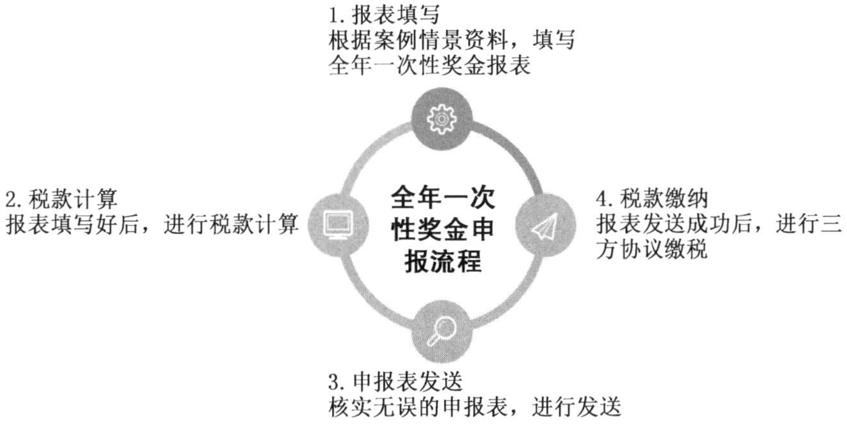

图 3-8　业务流程图

（二）实务操作

1. 计算全年一次性奖金预扣预缴税额

陈伟全年一次性奖金收入 100 000 元,按月换算后的应纳税所得额为 8 333.33 元(100 000÷12),适用 10% 税率,速算扣除数 210,因此:

陈伟预扣预缴税额＝100 000×10%－210＝9 790(元)

方大刚全年一次性奖金收入 8 000 元,按月换算后的应纳税所得额为 666.67 元(8 000÷12),适用 3% 税率,速算扣除数 0,因此:

方大刚预扣预缴税额＝8 000×3%＝240(元)

周薇全年一次性奖金收入 6 000 元,按月换算后的应纳税所得额为 500 元(6 000÷12),适用 3% 税率,速算扣除数 0,因此:

周薇预扣预缴税额＝6 000×3%＝180(元)

2. 填写全年一次性奖金收入报表

（1）打开自然人税收管理系统扣缴客户端，点击【综合所得申报】，填写全年一次性奖金收入，如图 3-9 所示。

图 3-9　全年一次性奖金收入填写界面

（2）填写全年一次性奖金收入信息，有单个添加和批量导入两种方式。

① 单个添加。点击【添加】按钮，弹出"全年一次性奖金收入新增"界面，录入单个数据，录入完成后，单击【保存】按钮，如图 3-10 所示。

图 3-10　单个添加全年一次性奖金收入界面

②批量导入。点击【导入】—【模板下载】，在模板中填写完整信息（图 3-11），再点击【导入】—【导入数据】，选择模板导入系统数据（图 3-12），系统自动进行数据读取，可查看到正确数据，点击【提交数据】，完成数据导入（图 3-13）。如需要将填写好的数据导出，可以选择导出当页或者选择导出全部，如图 3-14 所示。

图 3-11　批量导入数据模板下载界面

图 3-12　批量导入数据界面

图 3-13 完成数据导入界面

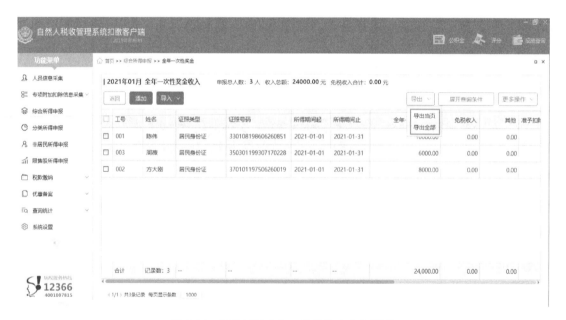

图 3-14 批量导出全年一次性奖金收入界面

【小提示】

◇ 如需对已录入数据进行修改、删除或查询,可以点击【更多操作】,进行单个或批量的全年一次性奖金收入的修改、删除及查询。

（3）进行税款计算。点击【税款计算】，选择"全年一次性奖金收入"，然后点击【重新计算】按钮，如图 3-15 所示。

图 3-15　税款计算界面

三、知识链接

（一）全年一次性奖金

全年一次性奖金是指扣缴义务人根据其全年经济效益和对雇员全年工作业绩的综合考核情况，向雇员发放的一次性奖金。

（二）全年一次性奖金的征税规定

居民个人取得的全年一次性奖金，符合《国家税务总局关于调整个人取得全年一次性奖金等计算征收个人所得税方法问题的通知》（国税发〔2005〕9 号）规定的，在 2023 年 12 月 31 日前，可以选择不并入当年综合所得，以全年一次性奖金收入除以 12 个月得到的数额，按照按月换算后的综合所得税率表，确定适用税率和速算扣除数，单独计算纳税。计算公式为：

应纳税额＝全年一次性奖金收入×适用税率－速算扣除数

居民个人取得全年一次性奖金，也可以选择并入当年综合所得计算纳税。

在一个纳税年度内，对每一个纳税人，全年一次性奖金收入计税办法只允许采用一次。扣缴单位应在发放全年一次性奖金收入时进行代扣代缴申报。

四、资源拓展

（一）实行年薪制的单位发放给员工的年薪，是否属于全年一次性奖金

根据《国家税务总局关于调整个人取得全年一次性奖金等计算征收个人所得税方法问

个人所得税——年终奖金如何发放

题的通知》(国税发〔2005〕9号)第一条规定:"全年一次性奖金是指行政机关、企事业单位等扣缴义务人根据其全年经济效益和对雇员全年工作业绩的综合考核情况,向雇员发放的一次性奖金。上述一次性奖金也包括年终加薪、实行年薪制和绩效工资办法的单位根据考核情况兑现的年薪和绩效工资。"

(二) 个人取得单位发放的半年奖,是否可以按照全年一次性奖金缴纳个人所得税

根据《国家税务总局关于调整个人取得全年一次性奖金等计算征收个人所得税方法问题的通知》(国税发〔2005〕9号)第五条规定:"雇员取得除全年一次性奖金以外的其他各种名目奖金,如半年奖、季度奖、加班奖、先进奖、考勤奖等,一律与当月工资、薪金收入合并,按税法规定缴纳个人所得税。"

任务三　解除劳动合同补偿金实务处理

【任务描述】

根据财务部提交的解除劳动合同补偿金计算发放表、会计资料和员工提交的资料,对员工的解除劳动合同补偿金所得进行准确计算,初步完成税款计算,并在自然人税收管理系统扣缴客户端熟练完成解除劳动合同补偿金个人所得预扣预缴的填报。

【技能要求】

(1) 能熟练掌握员工解除劳动合同一次性补偿金个人所得税的计算方法。

(2) 能熟练完成自然人税收管理系统扣缴客户端解除劳动合同一次性补偿金单个和批量填报,包括补偿收入、捐赠额、免税收入等项目。

(3) 能熟练完成解除劳动合同一次性补偿金的单个或批量修改、删除。

 案例情景

小林在2021年2月10日拿到财务部赵婷提交的1月份解除劳动合同一次性补偿金计算发放表(表3-4)、会计资料和员工资料,需要根据解除劳动合同一次性补偿金计算发放表和相关资料完成2021年1月税款所属期个人所得税的扣缴工作。

表3-4　　　　　　　　　2021年1月解除劳动合同一次性补偿金计算发放表

工　号	姓　　名	解除劳动合同一次性补偿金收入(元)
001	陈　伟	180 000

注:本地区年平均工资为40 000元。

一、业务要求和业务要点

(一) 业务要求

(1) 准确计算员工陈伟解除劳动合同一次性补偿金个人所得税预扣预缴税额。

(2) 在自然人税收管理系统扣缴客户端完成解除劳动合同一次性补偿金信息单个和批

量填报。

（3）使用自然人税收管理系统扣缴客户端进行解除劳动合同一次性补偿金填报信息的查询和修改，包括查询具体人员的解除劳动合同一次性补偿金填报信息和单个修改、批量修改具体人员的解除劳动合同一次性补偿金填报信息。

（4）进行解除劳动合同一次性补偿金申报，发送申报表。

（5）完成解除劳动合同一次性补偿金个人所得税的扣缴。

（二）业务要点

（1）掌握居民个人综合所得税率。

（2）了解解除劳动合同一次性补偿金个人所得税的各项规定。

二、业务流程和实务操作

（一）业务流程（图3-16）

图3-16　业务流程图

（二）实务操作

1. 计算解除劳动合同一次性补偿金个人所得税扣缴税额

（1）计算免征额。当地上年职工平均工资3倍数额以内的部分，免征个人所得税。

免税收入＝40 000×3＝120 000（元）

（2）计算应纳税所得额。超过当地上年职工平均工资3倍数额的部分，不并入当年综合所得，单独适用综合所得税率表，计算纳税。

应纳税所得额＝180 000－120 000＝60 000（元）

（3）计算应纳税额。适用居民个人综合所得税率表，适用税率10％，速算扣除数2 520。

应纳税额＝60 000×10％－2 520＝3 480（元）

2. 填写解除劳动合同一次性补偿金报表

（1）打开自然人税收管理系统扣缴客户端，点击【综合所得申报】，填写解除劳动合同一次性补偿金，如图3-17所示。

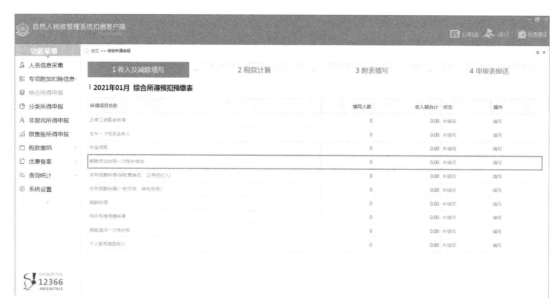

图 3-17 解除劳动合同一次性补偿金填写界面

（2）填写解除劳动合同一次性补偿金信息，有单个添加和批量导入两种方式。

① 单个添加。点击【添加】按钮，弹出"解除劳动合同一次性补偿金新增"界面，录入单个数据，录入完成后，单击【保存】按钮，如图 3-18 所示。

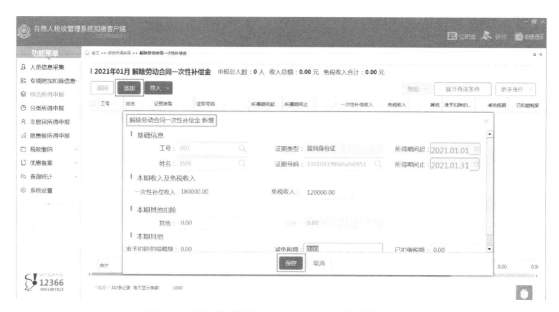

图 3-18 添加并填写解除劳动合同一次性补偿金报表

② 批量导入。点击【导入】—【模板下载】，在模板中填写完整信息。再点击【导入】—【导入数据】，选择模板导入系统数据，系统自动进行数据读取，可查看到正确数据，点击【提交数据】，完成数据导入。如需要将填写好的数据导出，可以选择导出当页或者选择导出全部，如图 3-19 所示。

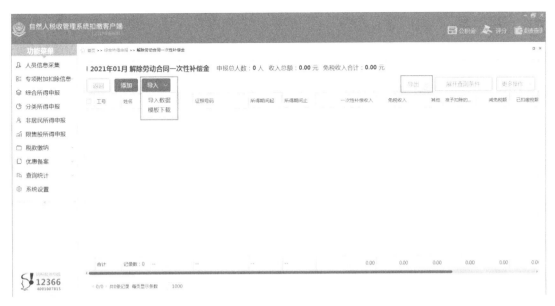

图 3-19 批量导入解除劳动合同一次性补偿金

【小提示】

◇ 如需对已录入数据进行修改、删除或查询，可以点击【更多操作】，进行单个或批量的解除劳动合同一次性补偿金的修改、删除及查询。

（3）进行税款计算。点击【税款计算】，选择"解除劳动合同一次性补偿金"，然后点击【重新计算】按钮，如图 3-20 所示。

图 3-20 税款计算界面

三、知识链接

（一）解除劳动合同一次性补偿收入

个人因与用人单位解除劳动关系而取得的一次性补偿收入，包括用人单位发放的经济补偿金、生活补助费和其他补助费用。

《劳动合同法》第四十七条规定，经济补偿按劳动者在本单位工作的年限，每满一年支付一个月工资的标准向劳动者支付。六个月以上不满一年的，按一年计算；不满六个月的，向劳动者支付半个月工资的经济补偿。

劳动者月工资高于用人单位所在直辖市、设区的市级人民政府公布的本地区上年度职工月平均工资三倍的，向其支付经济补偿的标准按职工月平均工资三倍的数额支付，向其支付经济补偿的年限最高不超过十二年。

本条所称月工资是指劳动者在劳动合同解除或者终止前十二个月的平均工资。

（二）解除劳动合同一次性补偿收入个人所得税计算

《财政部关于个人所得税法修改后有关优惠政策衔接问题的通知》（财税〔2018〕164号）第五条第（一）款规定，个人与用人单位解除劳动关系取得一次性补偿收入（包括用人单位发放的经济补偿金、生活补助费和其他补助费），在当地上年职工平均工资3倍数额以内的部分，免征个人所得税；超过3倍数额的部分，不并入当年综合所得，单独适用综合所得税率表，计算纳税。

个人领取一次性补偿收入时按照国家和地方政府法规的比例实际缴纳的住房公积金、医疗保险费、基本养老保险费、失业保险费，可以在计征其一次性补偿收入的个人所得税时予以扣除。

解除劳动合同一次性补偿金收入个人所得税计算公式：

应纳税额＝（一次性补偿收入－免税收入－扣除项目－准予扣除的捐赠额）×适用税率－速算扣除数－减免税额－已扣缴税额

四、资源拓展

（一）企业职工从破产企业取得的一次性安置费收入是否缴纳个人所得税

《财政部　国家税务总局关于个人与用人单位解除劳动关系取得的一次性补偿收入征免个人所得税问题的通知》（财税（2001）157号）第三条规定，企业依照国家有关法律规定宣告破产，企业职工从该破产企业取得的一次性安置费收入，免征个人所得税。

（二）自然人税收管理系统扣缴客户端操作时的注意事项

自然人税收管理系统扣缴端实训时需要根据案例资料进行月平均工资、年平均工资等信息设置，在进入系统后修改月平均工资、年平均工资信息，确定后，关闭自然人税收管理系统扣缴端，然后再重新打开自然人税收管理系统扣缴端方可生效。

任务四　劳务报酬所得实务处理

【任务描述】

根据财务部提交的劳务报酬所得计算发放表、会计资料和员工提交的资料，对员工的劳务报酬所得进行准确计算,初步完成税款计算,并在自然人税收管理系统扣缴客户端熟练完成劳务报酬所得个人所得税预扣预缴的填报。

【技能要求】

(1) 能熟练掌握劳务报酬所得个人所得税预扣预缴税额的计算方法。

(2) 能熟练完成自然人税收管理系统扣缴客户端劳务报酬所得单个和批量填报,包括本期收入、捐赠额、免税收入等项目。

(3) 能熟练完成劳务报酬所得的单个或批量修改、删除及查询。

 案例情景

小林在 2021 年 2 月 10 日拿到财务部赵婷提交的 1 月劳务报酬所得发放明细表(表 3-5),需要根据劳务报酬所得发放明细表完成某大学教授王林 2021 年 1 月税款所属期个人所得税的预扣预缴工作。

表 3-5　　　　　2021 年 1 月劳务报酬所得发放明细表(一般劳务、其他劳务)

序　号	姓　名	劳务报酬所得(元)
004	王　林	3 000.00

一、业务要求和业务要点

(一)业务要求

(1) 准确计算王林的劳务报酬所得个人所得税预扣预缴税额。

(2) 在自然人税收管理系统扣缴客户端完成劳务报酬所得信息单个和批量填报。

(3) 使用自然人税收管理系统扣缴客户端进行综合所得申报劳务报酬所得相关信息的查询和修改,包括查询具体人员的劳务报酬填报信息和单个修改、批量修改具体人员的劳务报酬填报信息。

(4) 进行劳务报酬所得申报,发送申报表。

(5) 完成劳务报酬所得个人所得税的预扣预缴。

(二)业务要点

(1) 掌握居民个人劳务报酬所得个人所得税预扣率,如表 3-6 所示。

表 3-6　　　　　　　　　个人所得税预扣率表二

(居民个人劳务报酬所得预扣预缴适用)

级数	预扣预缴应纳税所得额	预扣率(%)	速算扣除数(元)
1	不超过 20 000 元的部分	20	0
2	超过 20 000 元至 50 000 元的部分	30	2 000
3	超过 50 000 元的部分	40	7 000

(2) 了解劳务报酬所得个人所得税的各项规定。

二、业务流程和实务操作

（一）业务流程（图3-21）

图 3-21　业务流程图

（二）实务操作

1. 计算王林劳务报酬所得个人所得税预扣预缴税额

应纳税所得额为 2 200 元（3 000－800），适用税率 20%，速算扣除数 0。

预扣预缴税额＝2 200×20%＝440（元）

2. 填写劳务报酬所得报表

（1）打开自然人税收管理系统扣缴客户端，点击【综合所得申报】，填写劳务报酬所得，注意区分保险营销员、证券经纪人与一般劳务、其他劳务，如图 3-22 所示。

图 3-22　劳务报酬所得填写界面

（2）填写劳务报酬所得信息，有单个添加和批量导入两种方式。

① 单个添加。点击【添加】按钮，弹出"劳务报酬所得（一般劳务、其他劳务）新增"或"劳

务报酬所得（保险营销员、证券经纪人）新增"界面，录入单个数据，录入完成后，单击【保存】按钮，如图 3-23 所示。

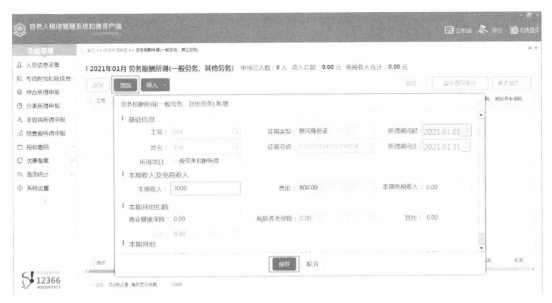

图 3-23　单个添加劳务报酬所得界面

② 批量导入。点击【导入】—【模板下载】，在模板中填写完整信息（图 3-24、图 3-25），再点击【导入】—【导入数据】，选择模板导入系统数据（图 3-26），系统自动进行数据读取，可查看到正确数据，点击【提交数据】，完成数据导入。如需要将填写好的数据导出，可以选择导出当页或者选择导出全部。

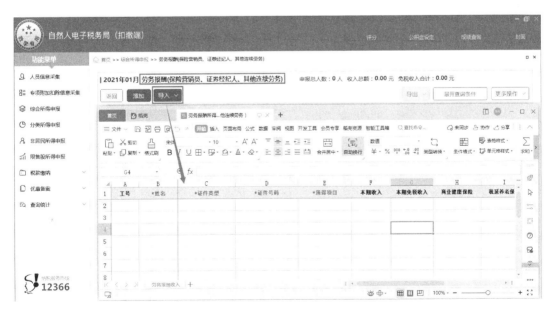

图 3-24　批量导入数据模板下载界面（保险营销员、证券经纪人）

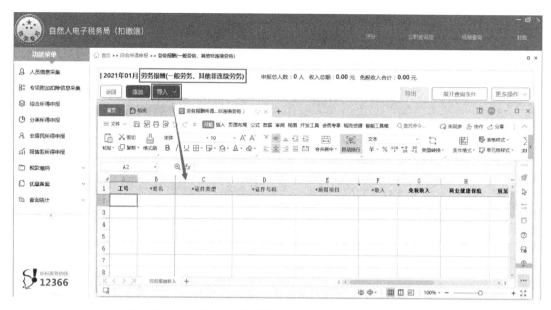

图 3-25 批量导入数据模板下载界面(一般劳务、其他劳务)

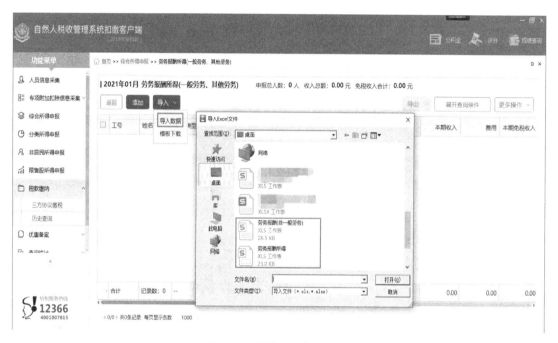

图 3-26 批量导入数据界面

【小提示】

> ✧ 如需对已录入数据进行修改、删除或查询,可以点击【更多操作】,进行单个或批量的劳务报酬所得的修改、删除及查询。

（3）进行税款计算。点击【税款计算】，选择"劳务报酬所得（一般劳务、其他劳务）"或"劳务报酬所得（保险营销员、证券经纪人）"，然后点击【重新计算】按钮，如图 3-27 所示。

图 3-27 税款计算界面

三、知识链接

（一）劳务报酬所得

劳务报酬所得是指个人从事劳务取得的所得，包括从事设计、装潢、安装、制图、化验、测试、医疗、法律、会计、咨询、讲学、翻译、审稿、书画、雕刻、影视、录音、录像、演出、表演、广告、展览、技术服务、介绍服务、经纪服务、代办服务以及其他劳务取得的所得。

（二）居民个人劳务报酬所得预扣预缴税额计算

扣缴义务人向居民个人支付劳务报酬所得时，适用个人所得税预扣率表二，应当按照以下方法按次或者按月预扣预缴税款：

劳务报酬所得预扣预缴税额＝预扣预缴应纳税所得额×预扣率－速算扣除数

劳务报酬所得以收入减除费用后的余额为预扣预缴应纳税所得额，其中减除费用按以下规定执行：每次收入不超过 4 000 元的，减除费用按 800 元计算；每次收入 4 000 元以上的，减除费用按收入的 20% 计算。

劳务报酬所得属于一次性收入的，以取得该项收入为一次；属于同一项目连续性收入的，以一个月内取得的收入为一次。

（三）保险营销员、证券经纪人佣金收入个税计算

《财政部 税务总局关于个人所得税法修改后有关优惠政策衔接问题的通知》（财税〔2018〕164 号）第三条规定，保险营销员、证券经纪人取得的佣金收入，属于劳务报酬所得，以不含增值税的收入减除 20% 的费用后的余额为收入额，收入额减去展业成本以及附加税费后，并入当年综合所得，计算缴纳个人所得税。保险营销员、证券经纪人展业成本按照收入额的 25% 计算。

扣缴义务人向保险营销员、证券经纪人支付佣金收入时,应按照《个人所得税扣缴申报管理办法(试行)》(国家税务总局公告 2018 年第 61 号)规定的累计预扣法计算预扣税款,以该纳税人截至当期在单位从业月份的累计收入减除累计减除费用、累计其他扣除后的余额,比照工资、薪金所得预扣率表计算当期应预扣预缴税额。专项扣除和专项附加扣除,在预扣预缴环节暂不扣除,待年度终了后汇算清缴申报时办理。计算公式如下:

月度应纳税所得额＝累计不含税佣金收入×(1－20％)－展业成本－附加税费－累计减除费用－累计其他扣除

年度应纳税所得额＝不含税佣金收入×(1－20％)－展业成本－附加税费－60 000－专项扣除－专项附加扣除－其他扣除

其中:展业成本＝收入额×25％

四、资源拓展

(一)企业请老师分别在不同月份来讲课,但报酬在同一个月支付的,申报个税时是否属于"同一项目连续性收入",合并在一起申报

根据《中华人民共和国个人所得税法实施条例》第十四条规定,劳务报酬所得属于一次性收入的,以取得该项收入为一次;属于同一项目连续性收入的,以一个月内取得的收入为一次。

企业请老师分别在不同月份来讲课,但报酬在同一个月支付的,属于同一项目连续性收入,应以一个月内取得的收入为一次。

(二)取得临时工工资是劳务报酬还是工资薪金

若临时工与单位存在雇佣关系(签订了劳动合同),应按照工资薪金所得申报纳税,若临时工与单位不存在雇佣关系(未签订劳动合同),则按照劳务报酬所得申报纳税。

(三)保险营销员(或保险代理人)在同一个公司获得两笔收入,一笔是保险费佣金收入,一笔是做文秘岗获得的工资,这两笔收入应如何计税

若该保险营销员(或保险代理人)是该公司的雇员,取得的保险费佣金收入应与文秘岗取得的工资一起按照工资薪金所得计算缴纳个人所得税。

实习生取得劳务报酬所得的个税计算

任务五　特许权使用费所得实务处理

【任务描述】

根据财务部提交的特许权使用费所得计算发放表、会计资料和员工提交的资料,对员工的特许权使用费所得进行准确计算,初步完成税款计算,并在自然人税收管理系统扣缴客户端熟练完成特许权使用费所得个人所得税预扣预缴的填报。

【技能要求】

(1)能熟练掌握特许权使用费所得个人所得税预扣预缴税额的计算方法。

(2)能熟练完成自然人税收管理系统扣缴客户端特许权使用费所得单个和批量填报,包括本期收入、捐赠额、免税收入等项目的正确填报。

(3)能熟练完成特许权使用费所得的单个或批量修改、删除及查询。

 **案例情景**

　　小林在 2021 年 2 月 10 日拿到财务部赵婷提交的 1 月份特许权使用费所得发放明细表(表 3-7),需要根据特许权使用费所得发放明细表完成某大学教授薛明 2021 年 1 月税款所属期个人所得税的预扣预缴工作。

表 3-7　　　　　　　　　2021 年 1 月特许权使用费所得发放明细表

工　号	姓　名	特许权使用费所得收入(元)
0007	薛　明	300 000.00

一、业务要求和业务要点

(一)业务要求

(1)准确计算薛明的特许权使用费所得个人所得税预扣预缴税额。

(2)在自然人税收管理系统扣缴客户端完成特许权使用费所得信息单个和批量填报。

(3)使用自然人税收管理系统扣缴客户端进行综合所得申报特许权使用费所得相关信息的查询和修改,包括查询具体人员的特许权使用费填报信息和单个修改、批量修改具体人员的特许权使用费填报信息。

(4)进行特许权使用费所得申报,发送申报表。

(5)完成特许权使用费所得个人所得税的预扣预缴。

(二)业务要点

(1)掌握居民个人特许权使用费所得个人所得税预扣率。

(2)了解特许权使用费所得个人所得税的各项规定。

二、业务流程和实务操作

(一)业务流程(图 3-28)

1. 报表填写
根据案例情景资料,填写特许权使用费所得报表

特许权使用费所得申报流程

4. 税款缴纳
报表发送成功后,进行三方协议缴税

2. 税款计算
报表填写好后,进行税款计算

3. 申报表发送
核实无误的申报表,进行发送

图 3-28　业务流程图

（二）实务操作

1. 计算薛明特许权使用费所得个人所得税预扣预缴税额

应纳税所得额＝300 000×（1－20％）＝240 000（元）

预扣预缴税额＝240 000×20％＝48 000（元）

2. 填写特许权使用费所得报表

（1）打开自然人税收管理系统扣缴客户端，点击【综合所得申报】，填写特许权使用费所得，如图 3-29 所示。

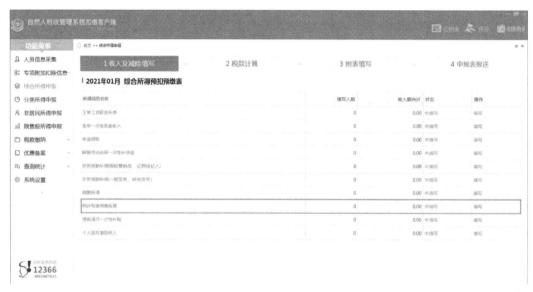

图 3-29   特许权使用费所得填写界面

（2）填写特许权使用费所得信息，有单个添加和批量导入两种方式。

① 单个添加。点击【添加】按钮，弹出"特许权使用费所得新增"界面，录入单个数据，录

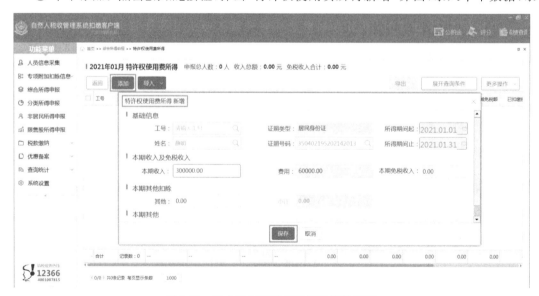

图 3-30   单个添加特许权使用费所得界面

入完成后,单击【保存】按钮,如图 3-30 所示。

　　② 批量导入。点击【导入】—【模板下载】,在模板中填写完整信息,再点击【导入】—【导入数据】,选择模板导入系统数据,系统自动进行数据读取,可查看到正确数据,点击【提交数据】,完成数据导入,如图 3-31 所示。如需要将填写好的数据导出,可以选择导出当页或者选择导出全部。

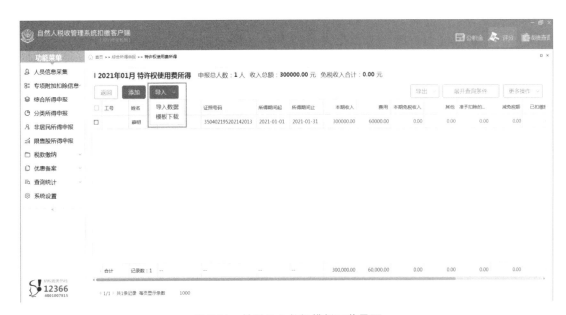

图 3-31　批量导入数据模板下载界面

【小提示】

　　◇ 如需对已录入数据进行修改、删除或查询,可以点击【更多操作】,进行单个或批量的特许权使用费所得的修改、删除及查询。

　　(3)进行税款计算。点击【税款计算】,选择"特许权使用费所得",然后点击【重新计算】按钮,如图 3-32 所示。

三、知识链接

(一) 特许权使用费所得

　　特许权是一种产权,具有获利性。特许权使用费所得,是指个人提供专利权、商标权、著作权、非专利技术以及其他特许权的使用权取得的所得;提供著作权的使用权取得的所得,不包括稿酬所得。

(二) 居民个人特许权使用费所得预扣预缴税额计算

　　扣缴义务人向居民个人支付特许权使用费所得时,应当按照以下方法按次或者按月预扣预缴税款:

　　特许权使用费所得预扣预缴税额＝预扣预缴应纳税所得额×预扣率 20%

图 3-32　税款计算界面

特许权使用费所得以收入减除费用后的余额为预扣预缴应纳税所得额,其中减除费用按以下规定执行:每次收入不超过 4 000 元的,减除费用按 800 元计算;每次收入 4 000 元以上的,减除费用按收入的 20% 计算。

特许权使用费所得属于一次性收入的,以取得该项收入为一次;属于同一项目连续性收入的,以一个月内取得的收入为一次。

四、资源拓展

(一) 剧本作者取得的剧本使用费如何计缴个人所得税

对于剧本作者从电影、电视剧的制作单位取得的剧本使用费,不区分剧本的使用方是否为其任职单位,统一按"特许权使用费所得"项目计征个人所得税。

(二) 作者将文字作品手稿公开拍卖取得的收入如何计缴个人所得税

作者将自己的文字作品手稿原件或复印件公开拍卖(竞价)取得的所得,应按"特许权使用费所得"征收个人所得税。

(三) 个人因专利被侵权获得的赔偿如何计缴个人所得税

根据《国家税务总局关于个人取得专利赔偿所得征收个人所得税问题的批复》(国税函〔2000〕257 号)规定,个人因专利被侵害获得的专利赔偿款,按照"特许权使用费所得"应税项目缴纳个人所得税。

任务六　稿酬所得实务处理

【任务描述】

根据财务部提交的稿酬所得计算发放表、会计资料和员工提交的资料,对员工的稿酬所得进行准确计算,初步完成税款计算,并在自然人税收管理系统扣缴客户端熟练完成稿酬所得个人所得税预扣预缴的填报。

【技能要求】

(1) 能熟练掌握稿酬所得个人所得税预扣预缴税额的计算方法。

(2) 能熟练完成自然人税收管理系统扣缴客户端稿酬所得单个和批量填报,包括本期收入、捐赠额、免税收入等项目的正确填报。

(3) 能熟练完成稿酬所得的单个或批量修改、删除及查询。

 案例情景

小林在 2021 年 2 月 10 日拿到财务部赵婷提交的 1 月份稿酬所得发放明细表(表3-7),需要根据稿酬所得发放明细表完成某大学教授王林 2021 年 1 月税款所属期个人所得税的预扣预缴工作。

表 3-7　　　　　　　　　2021 年 1 月稿酬所得发放明细表

序　号	姓　名	稿酬所得(元)
004	王　林	10 000.00

3

一、业务要求和业务要点

(一) 业务要求

(1) 准确计算王林的稿酬所得个人所得税预扣预缴税额。

(2) 在自然人税收管理系统扣缴客户端完成稿酬所得信息单个和批量填报。

(3) 使用自然人税收管理系统扣缴客户端进行综合所得申报稿酬所得相关信息的查询和修改,包括查询具体人员的稿酬所得填报信息和单个修改、批量修改具体人员的稿酬所得填报信息。

(4) 进行稿酬所得申报,发送申报表。

(5) 完成稿酬所得个人所得税的预扣预缴。

(二) 业务要点

(1) 掌握居民个人稿酬所得个人所得税预扣率和减征规定。

(2) 了解稿酬所得个人所得税的各项规定。

二、业务流程和实务操作

(一) 业务流程(图 3-33)

(二) 实务操作

1. 计算王林稿酬所得个人所得税预扣预缴税额

应纳税所得额 $= 10\,000 \times (1-20\%) \times (1-30\%) = 5\,600$(元)

预扣预缴税额 $= 5\,600 \times 20\% = 1\,120$(元)

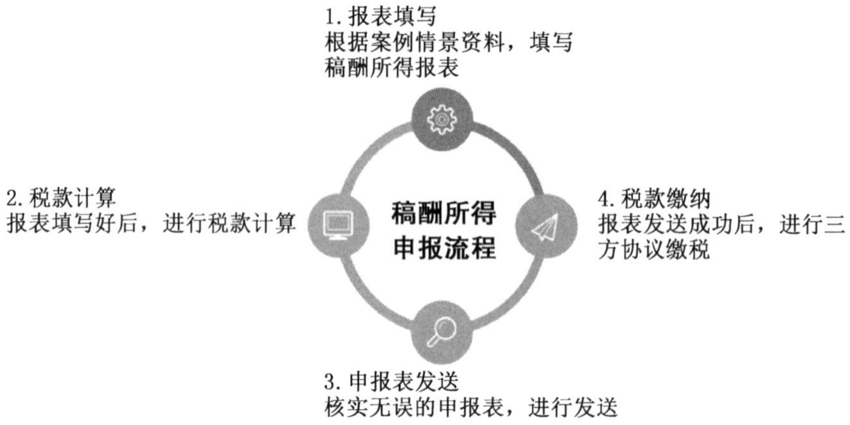

图 3-33　业务流程图

2. 填写稿酬所得报表

（1）打开自然人税收管理系统扣缴客户端，点击【综合所得申报】，填写稿酬所得，如图 3-34 所示。

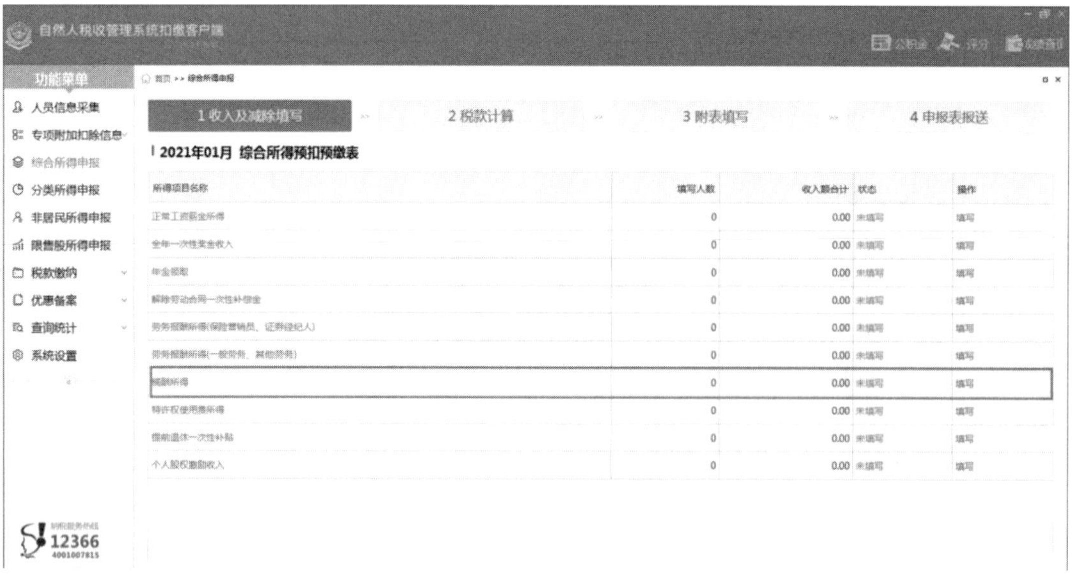

图 3-34　稿酬所得填写界面

（2）填写稿酬所得信息，有单个添加和批量导入两种方式。

① 单个添加。点击【添加】按钮，弹出"稿酬所得新增"界面，录入单个数据，录入完成后，单击【保存】按钮，如图 3-35 所示。

② 批量导入。点击【导入】—【模板下载】，在模板中填写完整信息，再点击【导入】—【导入数据】，选择模板导入系统数据，系统自动进行数据读取，可查看到正确数据，点击【提交数据】，完成数据导入，如图 3-36 所示。如需要将填写好的数据导出，可以选择导出当页或者选择导出全部。

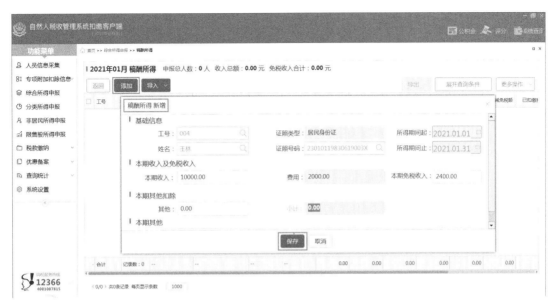

图 3-35　单个添加稿酬所得界面

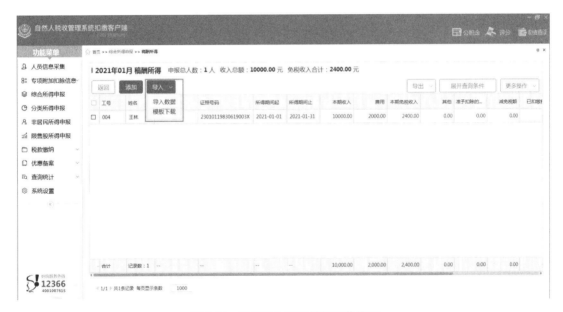

图 3-36　批量导入数据模板下载界面

【小提示】

　　◇ 如需对已录入数据进行修改、删除或查询,可以点击【更多操作】,进行单个或批量的稿酬所得的修改、删除及查询。

　　(3)进行税款计算。点击【税款计算】,选择"稿酬所得",然后点击【重新计算】按钮,如图 3-37 所示。

图 3-37 税款计算界面

三、知识链接

(一)稿酬所得

稿酬所得是指个人因其作品以图书、报刊等形式出版、发表而取得的所得。

(二)居民个人稿酬所得预扣预缴税额计算

扣缴义务人向居民个人支付稿酬所得时,应当按照以下方法按次或者按月预扣预缴税款:

稿酬所得预扣预缴税额＝预扣预缴应纳税所得额×预扣率20%

稿酬所得以收入减除费用后的余额减按70%为预扣预缴应纳税所得额,其中减除费用按以下规定执行:每次收入不超过4 000元的,减除费用按800元计算;每次收入4 000元以上的,减除费用按收入的20%计算。

稿酬所得属于一次性收入的,以取得该项收入为一次;属于同一项目连续性收入的,以一个月内取得的收入为一次。

【小提示】

◇ 个人每次以图书、报刊方式出版、发表同一作品(文字作品、书画作品、摄影作品以及其他作品),不论出版单位是预付还是分笔支付稿酬,或者加印该作品后再付稿酬,均应合并其稿酬所得按一次计征个人所得税。

◇ 在两处或两处以上出版、发表或再版同一作品而取得稿酬所得,则可分别各处取得的所得或再版所得按分次所得计征个人所得税。

◇ 个人的同一作品在报刊上连载,应合并其因连载而取得的所有稿酬所得为一次,按税法规定计征个人所得税。在其连载之后又出书取得稿酬所得,或先出书后连载取得稿酬所得,应视同再版稿酬分次计征个人所得税。

四、资源拓展

（一）取得遗作稿酬，如何计征个人所得税

根据《国家税务总局关于印发〈征收个人所得税若干问题的规定〉的通知》（国税发〔1994〕89 号）第四条第三款规定，作者去世后，对取得其遗作稿酬的个人，按稿酬所得征收个人所得税。

（二）个人接受约稿取得的"稿费"或"退稿费"应如何计征个人所得税

根据《财政部税务总局关于对稿费征收个人所得税问题的批复》（财税外字〔1980〕50号）第二条、第三条规定，由单位接受约稿，然后组织个人从事著译书籍、书画，完成约稿后，由接受约稿的单位收取稿费，将其中部分稿费发给著译书籍、书画的个人，同意只就个人实得的稿费收入，按劳务报酬所得征收个人所得税。

个人通过出版社出版小说取得的收入应如何计税

个人接受出版单位约稿，完成约稿后由于各种原因，出版单位决定不予出版，但出版单位为贯彻按劳付酬的原则，仍付给作者"退稿费"（一般比原稿费低 50％ 左右）。此项"退稿费"仍属劳务报酬性质，应按规定征收个人所得税。

任务七　综合所得税款计算实务处理

3

【任务描述】

根据财务部提交的各类计算表、会计资料和员工提交的资料完成各类人员各项所得的计算和填报，最终完成个人所得税的预扣预缴。

【技能要求】

（1）能检查综合所得税款计算的正确性。

（2）能熟练完成自然人税收管理系统扣缴客户端综合所得项目税款计算。

（3）能熟练完成自然人税收管理系统扣缴客户端综合所得项目税款计算查询。

 案例情景

> 小林在 2021 年 2 月 10 日拿到财务部赵婷提交的 1 月份各类人员各项所得的计算表，需要完成各类人员各项所得的计算和填报，最终完成 2021 年 1 月税款所属期各类人员各项所得的个人所得税预扣预缴工作。

一、业务要求和业务要点

（一）业务要求

准确计算各类人员综合所得中各项所得的个人所得税预扣预缴税额。

（二）业务要点

（1）掌握居民个人综合所得中各项所得个人所得税预扣率。

（2）了解综合所得。

二、业务流程和实务操作

(一) 业务流程(图 3-38)

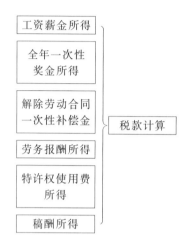

图 3-38　业务流程图

(二) 实务操作

点击【税款计算】,选择要计算的所得项目,然后点击【重新计算】按钮,系统自动对"收入及减除填写"模块中填写的数据进行税款计算。税款计算界面上会分所得项目显示对应项目的明细数据和合计数据,右上角显示综合所得的合计数据,包括申报总人数、收入总额、应纳税额和应补退税额,如图 3-39 所示。

图 3-39　税款计算界面

其中,工资薪金所得项目会下载本纳税年度上期累计数据,再与当期填写的数据合并累计计税,如图 3-40 所示。

图 3-40 工资薪金明细查看界面

三、知识链接

(一) 居民个人综合所得

居民个人综合所得包括工资薪金所得、劳务报酬所得、稿酬所得、特许权使用费所得。

(二) 居民个人综合所得个人所得税的计算缴纳

居民个人取得综合所得,按年计算个人所得税;有扣缴义务人的,由扣缴义务人按月或者按次预扣预缴税款。年度预扣预缴税额与年度应纳税额不一致的,年度终了由居民个人向主管税务机关办理综合所得年度汇算清缴,税款多退少补;没有扣缴义务人的,年度终了由居民纳税人自行申报纳税。

居民个人的综合所得,以每一纳税年度的收入额减除费用六万元以及专项扣除、专项附加扣除和依法确定的其他扣除后的余额,为应纳税所得额,适用个人所得税税率表一。

计算公式为:

年应纳税额＝年应纳税所得额×适用税率－速算扣除数

其中:

年应纳税所得额＝年累计收入额－60 000－专项扣除－专项附加扣除－其他扣除

年累计收入额＝工资薪金所得年累计收入额＋劳务报酬所得年累计收入额＋稿酬所得年累计收入额＋特许权使用费所得年累计收入额

需注意的是,劳务报酬所得、稿酬所得、特许权使用费所得以收入减除百分之二十的费用后的余额为收入额;稿酬所得的收入额减按百分之七十计算。

专项扣除,包括居民个人按照国家规定的范围和标准缴纳的基本养老保险、基本医疗保险、失业保险等社会保险费和住房公积金等。

专项附加扣除,包括子女教育、继续教育、大病医疗、住房贷款利息或者住房租金、赡养老人、婴幼儿照护等支出,具体范围、标准和实施步骤由国务院确定,并报全国人民代表大会常务委员会备案。

依法确定的其他扣除,包括个人缴付符合国家规定的企业年金、职业年金,个人购买符合国家规定的商业健康保险、税收递延型商业养老保险的支出,以及国务院规定可以扣除的其他项目。

四、资源拓展

(一) 综合所得中的各项扣除额如果在一个纳税年度内扣除不完,是否可以结转以后年度扣除

专项扣除、专项附加扣除和依法确定的其他扣除,以居民个人一个纳税年度的应纳税所得额为限额。一个纳税年度扣除不完的,不结转以后年度扣除。

(二) 自然人税收管理系统扣缴客户端操作时的注意事项

自然人税收管理系统扣缴端进行税款计算实训时,需要注意税款所属期问题。由于目前居民个人综合所得中的工资薪金所得采用累计预扣预缴方式,在实训操作时,如果税款所属期选择错误,将会导致税款计算错误。

个人所得税的计算

比如,张某 2021 年 2 月计算发放 2021 年 1 月工资薪金,并代扣代缴个人所得税,工资为 10 000 元,养老保险 244 元,医疗保险 61 元,失业保险 15 元,住房公积金 300 元,专项附加扣除不涉及。

如果税款所属期选择 1 月,则应纳税额 $=(10\ 000-5\ 000-244-61-15-300)\times 3\%=131.4(元)$,结果正确。

如果税款所属期选择 2 月,则应纳税额为 $=[10\ 000\times 2-5\ 000\times 2-(244+61+15+300)\times 2]\times 3\%=262.8(元)$,结果错误。

任务八　综合所得报送实务处理

【任务描述】

根据财务部提交的各项所得计算发放表、会计资料和员工提交的资料,需要对内外部人员的个人应纳税所得额进行准确计算,初步完成税款计算,并在自然人税收管理系统扣缴客户端熟练完成正常工资薪金所得、全年一次性奖金收入、解除劳动合同一次性补偿金、劳务报酬所得、稿酬所得、特许权使用费所得信息的填报,同时填报各类减免事项、商业健康保险、养老保险信息,最终完成综合所得个人所得税预扣预缴纳税申报。

【技能要求】

(1) 能熟练完成自然人税收管理系统扣缴客户端中减免事项、商业健康保险、税延养老保险附表的填报。

(2) 能检查自然人税收管理系统扣缴客户端综合所得申报表填写完整性、准确性。

(3) 能熟练完成自然人税收管理系统扣缴客户端综合所得申报表发送。

（4）能在自然人税收管理系统综合所得申报表申报错误情况下，进行申报作废和申报更正操作。

 **案例情景**

小林在 2021 年 2 月 10 日拿到财务部赵婷提交的 1 月份各类人员各项所得的计算表后，完成了各类人员各项所得的计算和填报，同时根据员工购买的商业健康保险和税收递延型养老保险填写了附表，将申报表发送并缴纳了税款，最终完成 2021 年 1 月各类人员各项所得的个人所得税预扣预缴工作。

一、业务要求和业务要点

（一）业务要求

① 在自然人税收管理系统扣缴客户端中完成减免事项、商业健康保险、税延养老保险附表的填报。

② 在自然人税收管理系统扣缴客户端中完成综合所得申报表发送。

③ 在自然人税收管理系统综合所得申报表申报错误情况下，进行申报作废和申报更正操作。

④ 在自然人税收管理系统扣缴客户端中完成综合所得税款缴纳。

（二）业务要点

掌握减免事项、商业健康保险、税延养老保险附表的填报规则。

二、业务流程和实务操作

（一）业务流程（图 3-41）

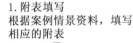

1. 附表填写
根据案例情景资料，填写相应的附表

2. 申报表发送
申报表报送，获取反馈

综合所得申报流程

4. 税款缴纳
报表发送成功后，进行三方协议缴税

3. 申报更正或申报作废
申报错误情况下，进行申报更正或申报作废

图 3-41　业务流程图

（二）实务操作

1. 附表填写。

（1）填写减免事项附表，具体操作步骤如下：

① 点击【综合所得申报】—【附表填写】，点击【减免事项附表】，进行《个人所得税减免事项报告表》的填写，如图 3-42 所示。

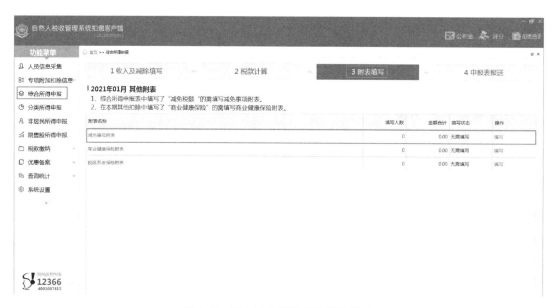

图 3-42　进入减免事项附表填写界面

② 点击【导入】—【导入数据】，找到事先填制好的《减免事项附表》，点击【打开】按钮，如图 3-43 所示。

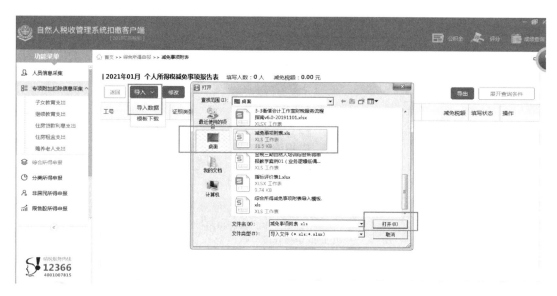

图 3-43　导入减免事项附表界面

③ 在弹出的"导入结果"对话中,会显示导入的结果,包括读取的信息条数和正确的信息条数,如图 3-44 所示。

图 3-44　显示导入结果界面

(2) 填写商业健康保险附表,具体操作步骤如下:

① 点击【综合所得申报】—【附表填写】,点击【商业健康保险附表】,进行《商业健康保险税前扣除情况明细表》的填写,如图 3-45 所示。

图 3-45　进入商业健康保险附表填写界面

② 点击【导入】—【导入数据】,找到事先填制好的《商业健康保险税前扣除情况明细表》,点击【打开】按钮,如图 3-46 所示。

图 3-46 导入商业健康保险税前扣除明细表界面

③ 在弹出的"导入结果"对话框中,会显示导入的结果,包括读取的信息条数和正确的信息条数,如图 3-47 所示。

图 3-47 显示导入结果界面

(3) 填写税延养老保险附表,具体操作步骤如下:

① 点击【综合所得申报】—【附表填写】,点击【税延养老保险附表】,进行《税延型商业养老保险税前扣除明细表》的填写,如图 3-48 所示。

② 点击【导入】—【导入数据】,找到事先填制好的《税延型商业养老保险税前扣除明细表》,点击【打开】按钮,如图 3-49 所示。

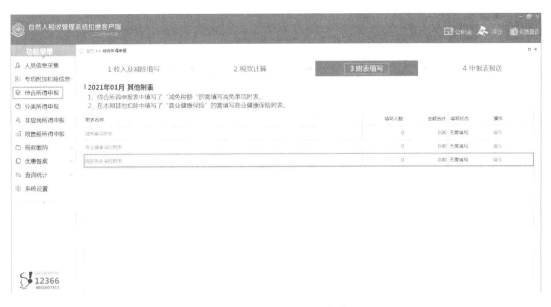

图 3-48 进入税延养老保险附表填写界面

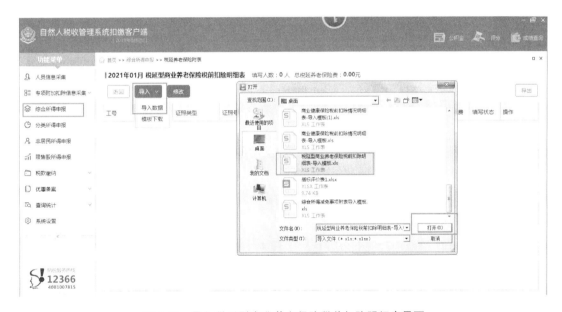

图 3-49 导入税延型商业养老保险税前扣除明细表界面

③ 在弹出的"导入结果"对话框中,会显示导入的结果,包括读取的信息条数和正确的信息条数,导入成功后的税延型商业养老保险附表的界面如图 3-50 所示。

2. 申报表报送

(1)点击【综合所得申报】—【申报表报送】进入报表申报界面。当月第一次申报发送时,进入"申报表报送"界面,默认申报类型为正常申报,申报状态为"未申报",显示【发送申报】。审核申报人数、应纳税额等信息,如果准确无误,点击【发送申报】按钮,如图 3-51 所示。

图 3-50　导入成功后的税延型商业养老保险附表的界面

图 3-51　发送申报界面

（2）点击【发送申报】后，局端服务器会提示正在处理申报数据，若系统未能自动获取到税务机关反馈信息，可稍后点击【获取反馈】查看申报结果，如图 3-52 所示。

【小提示】

◇　当前所得月份申报状态为"申报处理中""作废处理中"时，【获取反馈】可用，点击后即可下载获取税务机关系统反馈的该表申报操作结果。

图 3-52　获取反馈界面

3. 作废申报或更正申报

获取反馈后,申报类型为"正常申报",申报状态为"申报成功,未缴款"(若申报税款为 0 时,显示无需缴款状态),显示【作废申报】和【更正申报】,如图 3-53 所示。申报成功后,可点击【作废申报】或【更正申报】,对已申报的数据进行作废处理或修改已申报的数据。

图 3-53　作废申报或更正申报界面

【小提示】

◇ 预扣预缴"作废申报"与"更正申报"的区别在于申报成功后是否已缴税款。申报成功尚未缴纳税款状态下要修改申报表的,可以点击【作废申报】;申报成功且已缴纳税款扣款成功的状态下要修改申报表的,必须点击【更正申报】。

4. 税款缴纳

申报成功后,点击【税款缴纳】,进行三方协议缴款,点击【立即缴款】—【确认扣款】,完成缴纳税款,如图 3-54 所示。

图 3-54　缴纳税款界面

三、知识链接

(一) 个人所得免征个人所得税的情形

根据《个人所得税法》第四条规定,下列各项个人所得,免征个人所得税:

(1) 省级人民政府、国务院部委和中国人民解放军军以上单位,以及外国组织、国际组织颁发的科学、教育、技术、文化、卫生、体育、环境保护等方面的奖金;

(2) 国债和国家发行的金融债券利息;

(3) 按照国家统一规定发给的补贴、津贴;

(4) 福利费、抚恤金、救济金;

(5) 保险赔款;

(6) 军人的转业费、复员费、退役金;

(7) 按照国家统一规定发给干部、职工的安家费、退职费、基本养老金或者退休费、离休费、离休生活补助费;

(8) 依照有关法律规定应予免税的各国驻华使馆、领事馆的外交代表、领事官员和其他

人员的所得;

（9）中国政府参加的国际公约、签订的协议中规定免税的所得;

（10）国务院规定的其他免税所得,由国务院报全国人民代表大会常务委员会备案。

（二）商业健康保险个人所得税政策

自 2017 年 7 月 1 日起,对个人购买符合规定的商业健康保险产品的支出,允许在当年（月）计算应纳税所得额时予以税前扣除,扣除限额为 2 400 元/年（200 元/月）。单位统一为员工购买符合规定的商业健康保险产品的支出,应分别计入员工个人工资薪金,视同个人购买,按上述限额予以扣除。

适用商业健康保险税收优惠政策的纳税人,是指取得工资薪金所得、连续性劳务报酬所得的个人,以及取得经营所得的个体工商户业主、个人独资企业投资者、合伙企业合伙人和承包承租经营者。

个人直接购买商业健康险产品,取得税优识别码后,应及时向扣缴单位提供保单信息。扣缴义务人应依法为其进行税前扣除,不能拒绝个人税前扣除的合理要求。

（三）税收递延型商业养老保险

税收递延型商业养老保险是指投保人在税前列支保费,等到将来领取保险金时再缴纳个人所得税,这样可略微降低个人的税收负担,并鼓励个人参与商业保险、提高将来的养老质量。

自 2018 年 5 月 1 日起,在上海市、福建省（含厦门市）和苏州工业园区实施个人税收递延型商业养老保险试点。对试点地区个人通过个人商业养老资金账户购买符合规定的商业养老保险产品的支出,允许在一定标准内税前扣除。

四、资源拓展

（一）符合条件的商业健康保险

符合规定的人群购买符合条件的商业健康保险,必须取得税优识别码,才能享受税收优惠。

税优识别码是为确保税收优惠商业健康保险保单唯一性、真实性、有效性,避免纳税人重复购买税优商业保险产品,由商业健康保险信息平台按照"一人一单一码"原则对投保人进行校验后,下发给保险公司,并在保单凭证上打印的数字识别码。

个人购买商业健康保险但未获得税优识别码,以及购买其他保险产品的,不能享受税前扣除政策。

（二）个人从中国境内两处或者两处以上取得工资薪金所得,且自行购买的商业健康保险如何扣除

个人从中国境内两处或者两处以上取得工资薪金所得,且自行购买商业健康保险的,只能选择在其中一处扣除。

（三）个人当月既有工资薪金所得,又取得全年一次性奖金,且自行购买的商业健康保险如何扣除

个人当月既发放工资薪金,又发放了全年一次性奖金,还购买了带税优识别码的商业健康保险,该商业健康保险可以自行选择在当月工资薪金或全年一次性奖金的个人所得税前扣除,扣除限额为 200 元/月,且不得重复扣除。

（四）单位统一为员工购买符合规定的商业健康保险产品是否可以在税前扣除

单位统一组织为员工购买或者单位和个人共同负担购买符合规定的商业健康保险产品，单位负担部分应当实名计入个人工资薪金明细清单，视同个人购买，并自购买产品次月起，在不超过200元/月的标准内按月扣除。一年内保费金额超过2 400元的部分，不得税前扣除。以后年度续保时，按上述规定执行。

同时，单位给个人购买的符合条件的商业健康保险，可以作为企业的工资薪金支出，在企业所得税税前扣除。

（五）个人可以运用税收递延型商业养老保险，调节自身的个人所得税税负

税收递延型商业养老保险试点政策采取递延纳税模式，从个人的缴费、积累、领取三个环节作了税收优惠规定，即试点地区纳税人通过商业养老账户购买符合条件的商业养老保险，在缴费环节缴费支出可按照一定标准税前扣除，直接减轻个人所得税负担；在积累环节对投资收益暂不征税，直接增加个人收益；在领取环节，可享受低税率优惠。

在缴费环节，纳税人购买税收递延型商业养老保险产品时，其缴费支出可以按照一定额度给予扣除，这样直接减少了个人当期应纳税额，减税效果立竿见影。

在积累环节，个人商业养老资金账户由专业的保险公司运营，投资收益稳健，账户权益长期增值。试点政策对这一阶段的增值暂不征收个人所得税，这样直接增加了个人商业养老保险账户的收益。

在领取环节，按照政策要求，购买税收递延型商业养老保险的退休人员可按月或按年领取商业养老金，领取的商业养老金收入，其中25%部分给予免税，其余75%部分按照10%的比例税率计算缴纳个人所得税。一方面可以调节收入跳档产生的高额税收问题，另一方面，领取时也存在一定的税收优惠。

（六）自然人税收管理系统扣缴客户端操作时的注意事项

1.《个人所得税减免税事项报告表》的报送时间

《个人所得税减免税事项报告表》的报送时间与其他几个表格有所不同，由于其是个人需要享受减免税事项才需填报提交的表格，因此，该表应在扣缴义务人扣缴申报时一并报送。如采取的是自行纳税申报的方式，可按照税法规定的自行纳税申报时间，在自行纳税申报时一并报送该表。

2.申报表报送需注意事项

申报表报送需在法定申报期时才可点击进入报送界面。例如2020年1月税款所属期报表需在2020年2月时才可点击操作。

申报表报送界面各项统计，除"纳税人数"和"申报总人数"外，均包含汇总申报信息。（即允许出现"纳税人数"为0，但金额列大于0的情况）。

项目四　分类所得实务处理

【项目描述】

何学文是一家出版企业的普通职员,以下是他的个人信息:

国籍:中国。

身份证号码:410102198309212118。

经济情况:现居杭州,独生子女,名下有两房一车(其中一套是其父母无偿赠与的);何学文将其中不住的房产出租,平时喜爱购买体育彩票(每天买一注)和股票投资,并将多余的流动资金存入银行;无其他不良嗜好。

请为其计算 2020 年应缴纳多少分类所得的个人所得税?

任务一　利息股息红利所得实务处理

【任务描述】

根据何学文 2020 年的利息股息红利所得进行准确判断是否应该缴纳个人所得税,并根据所得完成税款计算。

【技能要求】

(1) 能熟练掌握利息股息红利所得个人所得税的计算方法。

(2) 能熟练掌握利息股息红利所得的本期收入、捐赠额、免税收入等项目的计算方法。

 案例情景

> 何学文是一名出版企业的员工,他 2020 年除了取得正常的工资薪金外,还取得股息红利收入,税款由相关企业按规定代扣代缴,具体如下:
>
> (1) 从华美公司取得红利 5 000 元(未上市),为此支付交通费 50 元、银行手续费 1 元。
>
> (2) 2 月在境内公开发行和转让市场购入某上市公司股票,当月取得该上市公司分配的股息 8 000 元,4 月将持有的股票全部卖出。

（3）取得银行存款储蓄利息 3 300（该存款自 2019 年 9 月 1 日存入银行）。

（4）2020 年 1 月在境内公开发行和转让市场购入某上市公司股票，2021 年 2 月取得该上市公司分配的股息 6 000 元，2021 年 3 月将持有的股票全部卖出。

一、业务要求和业务要点

（一）业务要求

（1）计算何学文个人利息股息红利所得的应纳税所得额。

（2）计算何学文个人利息股息红利所得的应纳税额。

（二）业务要点

（1）熟悉每次收入额就是应纳税所得额，不扣除任何费用。

（2）掌握个人持有从公开发行和转让市场取得的上市公司股票而取得的股息红利的减免税政策，如表 4-1 所示。

表 4-1　　　　　　　个人持有上市公司股票取得收益的减免税政策

持 股 时 间	处 理 规 则
持股期限≤1 个月	全额计入应纳税所得额
1 个月＜持股期限≤1 年	暂减按 50％计入应纳税所得额
持股期限≥1 年	暂免征收个人所得税

（3）了解银行存款利息免税的规定。

二、业务流程和实务操作

（一）业务流程（图 4-1）

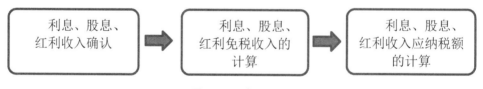

图 4-1　业务流程图

（二）实务操作

1. 计算利息、股息、红利所得收入额

何学文利息、股息、红利收入额＝5 000＋8 000＋3 300＋6 000＝22 300（元）

2. 计算免税、减税收入额

免税收入＝3 300＋6 000＝9 300（元）

3. 计算应纳税所得额

何学文利息、股息、红利应纳税所得额＝22 300－9 300＝13 000（元）

4. 计算应纳税额

何学文利息、股息、红利应纳税额＝13 000×20％＝2 600（元）

三、知识链接

(一) 利息、股息、红利所得

利息、股息、红利所得是指个人拥有债权、股权而取得的利息、股息、红利所得。

注意:房屋买受人在未办理房屋产权证的情况下,按照与房地产公司约定条件(如对房屋的占有、使用、收益和处分权进行限制)在一定时期后无条件退房而取得的补偿款,应按照"利息、股息、红利所得"项目缴纳个人所得税,税款由支付补偿款的房地产公司代扣代缴。

(二) 利息、股息、红利所得个人所得税免税的情形

(1) 国债和国家发行的金融债券利息免征个人所得税。

(2) 自 2008 年 10 月 9 日起,储蓄存款利息所得暂免征收个人所得税。

(三) 利息、股息、红利所得应缴税额计算

利息、股息、红利应纳税额的计算公式如下:

$$应纳税额 = 应纳税所得额 \times 税率$$
$$= (每次收入额 - 免税收入额) \times 20\%$$

四、资源拓展

(一) 利息可能存在的个税问题的处理

(1)《财政部国家税务总局关于储蓄存款利息所得有关个人所得税政策的通知》(财税〔2008〕132 号)规定,自 2008 年 10 月 9 日起,对储蓄存款利息所得暂免征收个人所得税。即储蓄存款在 1999 年 10 月 31 日前孳生的利息所得,不征收个人所得税;储蓄存款在 1999 年 11 月 1 日至 2007 年 8 月 14 日孳生的利息所得,按照 20% 的比例税率征收个人所得税;储蓄存款在 2007 年 8 月 15 日至 2008 年 10 月 8 日孳生的利息所得,按照 5% 的比例税率征收个人所得税;储蓄存款在 2008 年 10 月 9 日后(含 10 月 9 日)孳生的利息所得,暂免征收个人所得税。

(2)《国家税务总局　中国人民银行　教育部　关于印发〈教育储蓄存款利息所得免征个人所得税实施办法〉的通知》(国税发〔2005〕148 号)规定,个人为其子女(或被监护人)接受非义务教育(指九年义务教育之外的全日制高中、大中专、大学本科、硕士和博士研究生)在储蓄机构开立教育储蓄专户,并享受利率优惠的存款,其所取得的利息免征个人所得税。

(二) 个人持有上市公司股票取得其股息红利

1. 个人从公开发行和转让市场取得的上市公司股票

对于个人从公开发行和转让市场取得的上市公司股票,取得上市公司分派的股息红利的个人所得税政策,《财政部　国家税务总局　证监会关于上市公司股息红利差别化个人所得税政策有关问题的通知》(财税〔2015〕101 号)第一条规定:

(1) 持股期限超过 1 年的,股息红利所得暂免征收个人所得税。

(2) 持股期限在 1 个月以上至 1 年(含 1 年)的,暂减按 50% 计入应纳税所得额,适用 20% 的税率计征个人所得税。

(3) 持股期限在 1 个月以内(含 1 个月)的,其股息红利所得全额计入应纳税所得额,适用 20% 的税率计征个人所得税。

4

2.个人通过投资公司成为公司股东取得的股息红利

《财政部　国家税务总局　证监会关于实施上市公司股息红利差别化个人所得税政策有关问题的通知》(财税〔2012〕85号)第四条规定,对个人持有的上市公司限售股,解禁后取得的股息红利,按照本通知规定计算纳税,持股时间自解禁日起计算;解禁前取得的股息红利继续暂减按50%计入应纳税所得额,适用20%的税率计征个人所得税。

任务二　财产租赁所得实务处理

【任务描述】

根据何学文2020年的财产租赁所得进行判断是否应该缴纳个人所得税,并根据所得完成税款计算。

【技能要求】

(1)能熟练掌握财产租赁所得个人所得税的计算方法。

(2)能熟练掌握财产租赁所得的本期收入、捐赠额、免税收入等项目的计算方法。

 案例情景

何学文是一名出版企业的员工,他2020年除了取得正常的工资薪金外,还取得财产租赁收入,具体如下:

(1)何学文出租一套住房,取得当月租金收入4 800元,房屋租赁过程中缴纳的可以税前扣除的税费192元,发生修缮费400元。

(2)何学文将一套从房产中介处租来的住房转租给曾小美,每月向曾小美收取租金3 500元,向房东支付租金2 030元,房屋租赁过程中缴纳的可以税前扣除的税费162元。

(3)何学文将自有的纺织机租给公司使用,每月收取2 000元。

一、业务要求和业务要点

(一)业务要求

(1)计算何学文个人财产租赁所得的应纳税所得额。

(2)计算何学文个人财产租赁所得的应纳税额。

(二)业务要点

(1)熟悉财产租赁所得个人所得税税率,如表4-2所示。

表4-2　　　　　　　　　　　　财产租赁所得个人所得税税率

税　　率	适　用　范　围
10%	个人按市场价格出租居民住房
20%	其他情况

（2）掌握财产租赁所得税前扣除顺序和金额标准，如表4-3所示。

表 4-3　　　　　　　　　　　　财产租赁所得税前扣除办法

扣除顺序	扣　除　内　容
1	财产租赁过程中的税费（该税费必须提供完税凭证，才能扣除）
2	出租财产实际开支的修缮费用（每次修缮费用扣除限额是800元；一次扣除不完的，准予在下一次继续扣除，直到扣完为止，必须提供有效、准确的凭证）
3	税法规定的费用扣除标准（每次收入不超过4 000元的，减除费用为800元；4 000元以上的，减除费用为收入额的20%）

（3）了解财产租赁免税的相关规定。

二、业务流程和实务操作

（一）业务流程（图4-2）

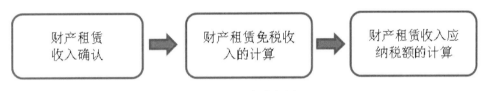

图 4-2　业务流程图

（二）实务操作

1. 计算应纳税所得额

何学文出租住房应纳税所得额＝（4 800－192－400）×（1－20%）＝3 366.4（元）

何学文转租住房应纳税所得额＝3 500－2 030－162－800＝508（元）

何学文出租机器设备应纳税所得额＝2 000－800＝1 200（元）

2. 计算应纳税额

出租、转租住房减按10%缴纳个人所得税。

何学文出租住房应缴纳个人所得税＝3 366.4×10%＝336.64（元）

何学文转租住房应缴纳个人所得税＝508×10%＝50.8（元）

何学文出租机器设备应缴纳个人所得税＝1 200×20%＝240（元）

何学文2020年取得的财产租赁所得共计缴纳个人所得税＝336.64＋50.8＋240＝627.44（元）

三、知识链接

（一）财产租赁所得

财产租赁所得是指个人出租不动产、机器设备、车船以及其他财产取得的所得。

注意：个人取得的财产转租收入，属于"财产租赁所得"的征税范围，由财产转租人缴纳个人所得税。在确认纳税义务人时，应以产权凭证为依据；对无产权凭证的，由主管税务机关根据实际情况确定。产权所有人死亡，在未办理产权继承手续期间，该财产出租而有租金收入的，以领取租金的个人为纳税义务人。

(二) 财产租赁所得应纳税额的计算

财产租赁所得应纳税额的计算公式如下:

(1) 每次(月)收入不超过 4 000 元的:

应纳税额=[每次(月)收入额-准予扣除项目-修缮费用(800 元为限)-800]×适用税率

(2) 每次(月)收入超过 4 000 元的:

应纳税额=[每次(月)收入额-准予扣除项目-修缮费用(800 元为限)]×(1-20%)×适用税率

四、资源拓展

(一) 财产租赁过程中需缴纳的其他税费

(1) 增值税。依据《营业税改征增值税试点有关事项的规定》(财税〔2016〕36 号附件 2)规定:其他个人出租其取得的不动产(不含住房),按照 5% 的征收率征税;出租住房,按照 5% 的征收率减按 1.5% 征收计算应纳税额;其他个人采取一次性收取租金形式出租不动产的,其租金可在租赁期内平均分摊,分摊后月租金收入不超过 10 万元的,免征增值税(自 2021 年 4 月 1 日至 2022 年 12 月 31 日,月租金收入不超过 15 万元的,免征增值税)。除其他个人外,一次性收取的租金不分摊计算。

(2) 房产税。依据《房产税暂行条例》规定:房产税实行按年计算、分期缴纳的征收办法。对个人按市场价格出租居民住房,用于居住的,按 4% 的税率征收房产税。2019 年 1 月 1 日至 2021 年 12 月 31 日,增值税小规模纳税人房产税减按 50% 征收。

(3) 印花税。依据《财政部　国家税务总局关于廉租住房、经济适用住房和住房租赁有关税收政策的通知》(财税〔2008〕24 号)规定:个人出租、承租住房签订的租赁合同,免征印花税。

(二) 捐赠住房作为公共租赁住房的问题

1. 个人捐赠住房作为公租房

根据《财政部　国家税务总局关于公共租赁住房税收优惠政策的通知》(财税〔2015〕139 号)的规定:个人捐赠住房作为公共租赁住房,符合税收法律法规规定的,对其公益性捐赠支出未超过其申报的应纳税所得额 30% 的部分,准予从其应纳税所得额中扣除。

2. 企事业捐赠住房作为公租房

根据《财政部　税务总局关于公共租赁住房税收优惠政策的公告》(财税〔2019〕61 号)第五条的规定:企事业单位、社会团体以及其他组织捐赠住房作为公租房,符合税收法律法规规定的,对其公益性捐赠支出在年度利润总额 12% 以内的部分,准予在计算应纳税所得额时扣除,超过年度利润总额 12% 的部分,准予结转以后三年内在计算应纳税所得额时扣除。

任务三　财产转让所得实务处理

【任务描述】

根据何学文 2020 年的财产转让所得进行准确判断是否应该缴纳个人所得税,并根据所得完成税款计算。

【技能要求】

(1) 能熟练掌握财产转让所得个人所得税的计算方法。

(2) 能熟练掌握财产转让所得计算,包括财产拍卖所得及回流文物拍卖所得、股权转让所得、其他财产转让所得的计算。

 **案例情景**

何学文是一名出版企业的员工,他 2020 年除了取得正常的工资薪金外,还取得财产转让收入,税款由相关单位代扣代缴,具体如下:

(1) 何学文在一个网络游戏平台以 1 万元的价格收购玩家的虚拟货币,并随后以 15 000 元的价格出售给其他玩家。

(2) 何学文因急需用钱,2020 年 3 月将挂牌公司原始股(买入价 2 500 元)转让,取得 30 000 元,并支付相关费用 1 000 元。

(3) 何学文在上海证券交易市场将一年前购入的上市公司股票(上市公司公开发行和转让市场购入,购入价为 5 000 元)出售,出售价为 2 万元。同时,将父亲赠与他的一套住房出售,取得 310 万元,该住房受赠过户时缴纳相关税金 16 000 元。

(4) 何学文为了改善居住环境,2020 年 12 月将原有房产进行置换变卖。该住房是 2019 年 10 月 1 日购入,购入时的价格为 180 万元,现出售价是 290 万元,缴纳增值税 5.5 万元,支付其他可以税前扣除的合理费用 3 800 元。

一、业务要求和业务要点

(一) 业务要求

(1) 计算何学文个人财产转让所得的应纳税所得额。

(2) 计算何学文个人财产转让所得个人所得税的应纳税额。

(二) 业务要点

(1) 掌握财产转让所得应纳税额的计算方法。

(2) 掌握个人房屋转让所得相关政策:

个人住房转让时,纳税人不能提供完整、准确的房屋原值凭证和合理费用的凭证时,税务机关可对其实行核定征税,即按纳税人住房转让收入的一定比例核定应纳个人所得税额,具体比例由省级税务局根据纳税人出售住房的所处区域、地理位置、建造时间、房屋类型、住房平均价格水平等因素,在住房转让收入 1‰—3‰ 的幅度内确定,目前浙江省规定征收率为 1‰。

个人转让房屋的个人所得税应税收入不含增值税,其取得房屋时所支付的价款中包含的增值税计入财产原值,计算转让所得时可扣除的税费不包括本次转让缴纳的增值税。

(3) 了解个人股票转让所得的纳税规定,如表 4-4 所示。

4

表 4-4 个人股票转让所得纳税规定

具 体 情 形		适用税目	应 纳 税 额
转让股票	转让上市公司股票所得	财产转让所得	暂不征收个人所得税
	转让挂牌公司原始股		（收入总额－财产原值－合理费用）×20%
	转让挂牌公司非原始股		暂免征收个人所得税
	转让其他公司股权		（收入总额－财产原值－合理费用）×20%

二、业务流程和实务操作

（一）业务流程（图 4-3）

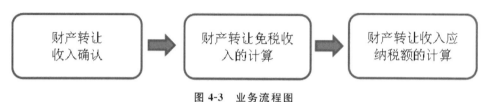

图 4-3 业务流程图

（二）实务操作

（1）何学文转让虚拟货币所得应纳税额＝(15 000－10 000)×20%＝1 000(元)。

（2）何学文转让原始股所得应纳税额＝(30 000－2 500－1 000)×20%＝5 300(元)。

（3）何学文转让上市公司股票所得免税。

（4）何学文转让受赠房屋所得应纳税额＝(3 100 000－16 000)×20%＝616 800(元)。

（5）何学文转让住房所得应纳税额＝[(2 900 000－55 000)－1 800 000－3 800]×20%＝208 240(元)。

三、知识链接

（一）财产转让所得

财产转让所得是指个人转让有价证券、股权、合伙企业中的财产份额、不动产、机器设备、车船以及其他财产取得的所得。

（1）个人以非货币性资产投资，属于个人转让非货币性资产和投资同时发生。对个人转让非货币性资产的所得，应按"财产转让所得"，计算缴纳个人所得税。

（2）个人通过招标、竞拍或其他方式购置债权后，通过相关司法或行政程序主张债权而取得的所得，应按"财产转让所得"，计算缴纳个人所得税。

（3）个人通过网络收购玩家的虚拟货币，加价后向他人出售取得的收入，属于个人所得税应税所得，应按"财产转让所得"计算缴纳个人所得税。

（二）财产转让所得应纳税额的计算

财产转让所得应纳税额的计算公式：

应纳税额＝应纳税所得额×20%

＝（每次收入总额－财产原值－合理费用）×20%

注：收入总额不含增值税。

（三）个人转让房屋政策

（1）对个人转让自用达 5 年以上并且是家庭唯一生活用房取得的所得,暂免征收个人所得税。

（2）个人将购买不足 2 年的住房对外销售的,按照 5％的征收率全额缴纳增值税。

（3）个人将受赠的住房转让时,应按财产转让收入减除受赠、转让住房过程中缴纳的税金及有关合理费用后的余额为应纳税所得额,按 20％的适用税率计算缴纳个人所得税,不得采用核定征收方式。

（四）个人转让股票政策

（1）上市公司股票(非限售股)。个人在上海、深圳证券交易所转让从上市公司公开发行和转让市场取得的股票,转让所得暂不征收个人所得税。

（2）挂牌公司股票。对个人转让全国中小企业股份转让系统(俗称"新三板")挂牌公司原始股取得的所得,按照"财产转让所得"适用 20％的比例税率征收个人所得税;对个人转让全国中小企业股份转让系统挂牌公司非原始股取得的所得,暂免征收个人所得税。

四、资源拓展

（一）职工个人取得的量化资产

国家税务总局《关于企业改组改制过程中个人取得的量化资产征收个人所得税问题的通知》(国税发〔2000〕60 号文件)指出:根据国家有关规定,允许集体所有制企业在改制为股份合作制企业时可以将有关资产量化给职工个人。为了支持企业改组改制的顺利进行,对于企业在这一改革过程中个人取得量化资产的有关个人所得税问题,明确如下:

（1）对职工个人以股份形式取得的仅作为分红依据,不拥有所有权的企业量化资产,不征收个人所得税。

（2）对职工个人以股份形式取得的拥有所有权的企业量化资产,暂缓征收个人所得税;待个人将股份转让时,就其转让收入额,减除个人取得该股份时实际支付的费用支出和合理转让费用后的余额,按"财产转让所得"项目征收个人所得税。

（3）对职工个人以股份形式取得的企业量化资产参与企业分配而获得的股息、红利,应按"利息、股息、红利所得"项目征收个人所得税。

这里需要注意不征个税的前提是集体所有制企业改制为股份制企业,而不是股份制企业的量化资产行为。

（二）个人转让住房的增值税问题

个人转让住房,在 2016 年 4 月 30 日前已签订转让合同,2016 年 5 月 1 日以后办理产权变更事项的,应缴纳增值税,不缴纳营业税。个人销售其取得(不含自建)的不动产(不含其购买的住房),应以取得的全部价款和价外费用减去该项不动产购置原价或者取得不动产时的作价后的余额为销售额,按照 5％的征收率计算应纳税额。

"个人将购买不足 2 年的住房对外销售的,按照 5％的征收率全额缴纳增值税;个人将购买 2 年以上(含 2 年)的住房对外销售的,免征增值税。"上述政策适用于北京市、上海市、广州市和深圳市之外的地区。

"个人将购买不足 2 年的住房对外销售的,按照 5％的征收率全额缴纳增值税;个人将购买 2 年以上(含 2 年)的非普通住房对外销售的,以销售收入减去购买住房价款后的差额按照 5% 的征收率缴纳增值税;个人将购买 2 年以上(含 2 年)的普通住房对外销售的,免征增值税。"上述政策仅适用于北京市、上海市、广州市和深圳市。

个人出售住房需要征收增值税的,同时需减按 50% 征收城市维护建设税、教育费附加和地方教育附加。

(三) 个人转让住房的其他税收问题

(1) 印花税。个人销售或购买住房,买卖双方均暂免征收印花税。

(2) 土地增值税。个人销售住房暂免征收土地增值税。

(3) 契税。自 2016 年 2 月 22 日起对个人购买家庭唯一住房,面积为 90 平方米及以下的,减按 1% 的税率征收契税,面积为 90 平方米以上的,减按 1.5% 的税率征收契税;对个人购买家庭第二套改善性住房,面积为 90 平方米及以下的,减按 1% 的税率征收契税,面积为 90 平方米以上的,减按 2% 的税率征收契税。契税由购买方缴纳。

任务四 偶然所得实务处理

【任务描述】

根据何学文 2020 年的偶然所得进行准确判断是否应该缴纳个人所得税,并根据所得完成税款计算。

【技能要求】

(1) 能熟练掌握偶然所得个人所得税的计算方法。

(2) 能熟练掌握偶然所得的本期收入、捐赠额、免税收入等项目的计算方法。

 案例情景

> 何学文是一名出版企业的员工,他 2020 年除了取得正常的工资薪金外,还取得偶然收入,税款由相关单位代扣代缴,具体如下:
>
> (1) 何学文的父母将房屋产权无偿赠与给他,该房屋市价 256 万元。
>
> (2) 何学文在客户公司的宣传活动中以嘉宾形式参与抽奖活动,当日抽得一个扫地机器人,价值 1 000 元。同时,在体育彩票中心购买彩票,中奖 500 元。
>
> (3) 何学文在一次"打假活动"中举报不法商家,取得 100 元奖励;同时,在一家超市兑换一年的会员积分,取得 500 元的反馈优惠券。

一、业务要求和业务要点

(一) 业务要求

(1) 计算何学文个人偶然所得的应纳税所得额。

(2) 计算何学文个人偶然所得个人所得税的应纳税额。

(二) 业务要点

(1) 掌握偶然所得应纳税额的计算方法。

（2）掌握偶然所得免税政策：

① 房屋产权所有人将房屋产权无偿赠与他人的个人所得税政策，如表4-5所示。

表 4-5 房屋产权所有人将房屋无偿赠与他人的税务处理

赠 与 人	税 务 处 理
配偶、父母、子女、祖父母、外祖父母、孙子女、外孙子女、兄弟姐妹	当事双方不征收个人所得税
对其承担直接抚养或者赡养义务的抚养人或者赡养人	
产权所有人死亡，该产权的法定继承人、遗嘱继承人或者受遗赠人	
其他人（上述情况除外）	按"偶然所得"项目计算缴纳个人所得税

② 企业通过折扣、折让方式向个人销售商品（产品）和提供服务，不征收个人所得税；企业在向销售商品（产品）和提供服务的同时给予赠品（如通信企业对个人购买手机赠送话费、入网费，或者购话费赠手机等），不征收个人所得税；企业对累计消费达到一定额度的个人按消费积分反馈礼品，不征收个人所得税。

二、业务流程和实务操作

（一）业务流程（图 4-4）

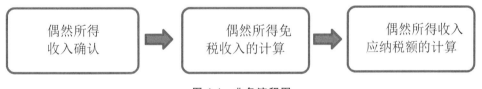

图 4-4 业务流程图

（二）实务操作

计算何学文偶然所得的应纳税额：

（1）何学文接受父母的房产无偿赠与所得不征收个人所得税。

（2）何学文购买体育彩票中奖免征个人所得税。

（3）何学文活动抽奖所得应纳税额＝1 000×20％＝200（元）。

（4）何学文举报和积分所得免征个人所得税。

三、知识链接

（一）偶然所得

偶然所得是指个人得奖、中奖、中彩以及其他偶然性质的所得。

个人为单位或者他人提供担保获得的收入，按"偶然所得"项目计算缴纳个人所得税。

（二）偶然所得应纳税额的计算

偶然所得应纳税额的计算公式如下：

$$应纳税额 = 应纳税所得额 \times 20\%$$
$$= 每次收入额 \times 20\%$$

注：每次收入额为应纳税所得额，除另有规定外没有扣除。

（三）免税的偶然所得

（1）个人取得单张有奖发票奖金所得不超过 800 元的（含 800 元），暂免征收个人所得税；超过 800 元的，应全额按"偶然所得"项目征收个人所得税。

（2）对个人购买福利彩票、体育彩票，一次中奖收入在 1 万元以下的（含 1 万元）暂免征收个人所得税；超过 1 万元的，全额征收个人所得税。

（3）个人举报、协查各种违法、犯罪行为而获得的奖金，暂免征收个人所得税。

四、资源拓展

（一）单位对员工奖励旅游活动，发生的费用是否缴纳个人所得税

按照我国现行个人所得税法律法规有关规定，对商品营销活动中，企业和单位对营销业绩突出人员以培训班、研讨会、工作考察等名义组织旅游活动，通过免收差旅费、旅游费对个人实行的营销业绩奖励（包括实物、有价证卷等），应根据所发生费用全额计入营销人员应税所得，依法征收个人所得税，并由提供上述费用的企业和单位代扣代缴。其中，对企业雇员享受的此类奖励，应与当期的工资薪金合并，按照"工资、薪金所得"项目征收个人所得税；对其他人员享受的此类奖励，应作为当期的劳务收入，按照"劳务报酬所得"项目征收个人所得税。

（二）公司购置奖品列入工会费用，员工抽奖取得奖品所得，是否缴纳个人所得税

根据《国家税务总局关于生活补助费范围确定问题的通知》（国税发〔1998〕155 号）规定，从福利费和工会经费中支付给单位职工的人人有份的补贴、补助不属于免税的福利费范围，应当并入纳税人的工资、薪金收入计征个人所得税。工会经费用于个人的支出中，只有个人及家庭因某类事件发生困难，给予的困难补助，可免缴个人所得税。

（三）个人领取企业年金、职业年金待遇的计税处理

个人达到国家规定的退休年龄，按规定领取的企业年金、职业年金，属于"工资薪金所得"。实施新税制后，根据规定，个人领取的企业年金、职业年金由扣缴义务人扣缴税款，不并入综合所得，全额单独计算应纳税款。其中按月领取的，适用月度税率表计算纳税；按季领取的，平均分摊计入各月，按每月领取额适用月度税率表计算纳税；按年领取的，适用综合所得税率表计算纳税。无须办理汇算清缴。

任务五　分类所得报送实务处理

【任务描述】

根据任务一至任务四何学文提交的资料，对何学文的"利息、股息、红利所得""财产租赁所得""财产转让所得""偶然所得"进行申报和缴纳，并在自然人税收管理系统扣缴客户端完成填报。

【技能要求】

（1）能熟练完成公司员工分类所得单个和批量填报，包括收入及免税收入、扣除及减除、捐赠方式等项目。

（2）能熟练完成分类所得的修改、删除及查询。

 案例情景

　　根据何学文提交的资料，完成了对何学文的"利息、股息、红利所得""财产租赁所得""财产转让所得""偶然所得"四项分类所得的计算和填报，同时根据何学文提交的减免事项和股权转让所得填写了附表，将申报表发送并缴纳了税款，最终完成何学文2020年四项分类所得个人所得税扣缴工作。

一、业务要求和业务要点

（一）业务要求

（1）在自然人税收管理系统扣缴客户端完成分类所得信息单个和批量填报。

（2）能使用自然人税收管理系统扣缴客户端进行分类所得相关信息的查询和修改。

（3）进行分类所得申报，发送申报表。

（4）完成个人所得税的缴纳。

（二）业务要点

掌握分类所得收入和免税事项的填列规则。

二、业务流程和实务操作

（一）业务流程（图4-5）

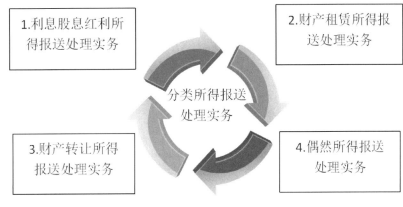

图4-5　业务流程图

（二）实务操作

1. 填写分类所得信息

（1）点击【分类所得申报】，填写利息、股息、红利所得信息，填完后点击【保存】按钮，如

图 4-6 所示。

图 4-6　添加利息股息红利所得界面

（2）点击【分类所得申报】，填写财产租赁所得信息，填完后点击【保存】按钮，如图 4-7—图 4-9 所示。

图 4-7　添加财产租赁所得界面(1)

图 4-8 添加财产租赁所得界面(2)

图 4-9 添加财产租赁所得界面(3)

（3）点击【分类所得申报】，填写财产转让所得信息，填完后点击【保存】按钮，如图 4-10—图 4-13 所示。

图 4-10　添加财产转让所得界面(1)

图 4-11　添加股权转让所得界面

图 4-12 添加财产转让所得界面(2)

图 4-13 添加财产转让所得界面(3)

（4）点击【分类所得申报】，填写偶然所得信息，填完后点击【保存】按钮，如图 4-14—图 4-18 所示。

图 4-14　添加偶然所得界面(1)

图 4-15　添加偶然所得界面(2)

图 4-16 添加偶然所得界面(3)

图 4-17 添加偶然所得界面(4)

图 4-18 添加偶然所得界面(5)

2. 填写附表

分类所得信息填报完成后,点击【保存】按钮,返回后进入附表填写页面,分类所得申报表中填写了"减免税额"的需填写减免事项附表;填写了"股权转让所得"的需填写个人股东股权转让信息表,如图 4-19 所示。

图 4-19 附表填写

3. 申报表报送

审核填写的信息,如果准确无误,则点击【发送申报】按钮,然后获取反馈,完成分类所得申报,若有错误可通过【修改】进行处理,若已获取反馈则需进行申报作废操作,如图 4-20 所示。

图 4-20 申报表报送

4. 缴纳税款

申报成功后,进行三方协议缴款,点击【税款缴纳】—【确认扣款】,完成缴纳税款,如图 4-21 所示。

图 4-21 税款缴纳

三、知识链接

自然人税收管理系统操作步骤如下：

（1）打开电脑，登录自然人税收管理系统。登录后，系统会提示所负责企业的申报状态，然后点击【分类所得】进行申报。

（2）进入申报界面之后，如果之前已经将人员信息录入系统的可以直接进行申报。如果没有申报人员信息的，需要将现行人员信息采集并录入人员信息。

（3）逐项填写分类所得，点击【新增】即会出现分类所得填报页面，在人员信息栏进行选择人员信息，在收入和免税额框内填写之后，点击【保存】按钮。

（4）申报信息都填写好之后，点击左侧的【申报表报送】，即可看到报表状态是：未申报。然后选择左上角的发送申报，即将报表进行发送。

（5）报表发送之后，想要看报表是否成功发送，可以选择"获取反馈"，就可以查看报表的申报信息了。如果有税款，点击左侧的【网上缴款】，就可以进行税款的缴纳了，但网上缴款的前提是已经签订了三方转账协议。

四、资源拓展

（一）分类所得无法报送的原因

自然人税收管理系统扣缴客户端实训时直接操作分类所得填报会提示"人员信息先进行采集才能申报"，要先进行人员信息采集，并点击【人员信息申报】，获取反馈后，再回到分类所得页面进行分类申报。

（二）人员信息录入错误的处理

若是新录入员工，且未报送的可以删除；若有历史申报记录，或者已经报送登记的，不可以删除，需要在人员信息界面修改人员状态为"非正常"，再重新添加正确人员信息。

（三）申报表报送的注意事项

在进行自然人税收管理系统扣缴端实训时，每个税款所属期可进行一次申报，系统在生成申报表时会进行校验，如弹出异常数据提示框，可根据提示回到报表填写页面修正或者补录，重新进入申报表报送页面发送报表即可。

申报成功后，如发现错误或者漏报，可通过"申报更正"操作更正，更正申报将覆盖上一笔申报记录，启动更正后直接在原申报数据基础上修改即可。如上一笔已扣款，则更正申报后多退少补，多缴税款至办税服务厅办理退税即可。

项目五 非居民个人所得实务处理

【项目描述】

2020 年 11 月 15 日,香港总部派谢贤(国籍:中国香港;性别:男;出生日期:1986.09.20;手机号:13156785990)到我国 A 公司协助研发部新技术架构搭建工作,预计需要 2 个月,架构搭建完成后,返回香港。期间薪资由 A 公司发放,香港总部再每月补贴交通费。次日谢贤办理港澳居民来往内地通行证,证件号为 H12345678,2020 年 11 月 20 日入境,前往 A 公司报到上班,预计 2021 年 1 月 20 日离境。谢贤在境内期间还发生以下业务:

(1) 2020 年年底,因工作出色,获得 A 公司发放的数月奖金。

(2) 在境内期间,谢贤受邀为国内 G 公司员工进行技术培训,培训结束时 G 公司支付谢贤培训费。

(3) 在境内期间,谢贤因在国内某报纸上发表连载小说,获得稿酬。

(4) 2020 年 11 月份国内 G 公司租用谢贤的设备,租期 2 个月,每月向谢贤支付租金。离境前,谢贤将该机器设备转让给 G 公司。

(5) 2021 年 1 月,谢贤将其在境内 B 公司的 3‰ 股权转让给 G 公司。

(6) 2021 年 1 月初,谢贤在国内某商场购买珠宝,参加购物抽奖活动,获得奖金。离境前因资金需要,谢贤又将从商城购买的珠宝进行拍卖。

(7) 2021 年 1 月 5 日,谢贤获得境内上市公司发放的股息红利。

(8) 谢贤购买福利彩票中奖,同时还获得某境内企业为进行业务宣传发放的网络红包。

(9) A 公司在 1 月向谢贤支付专利权使用费。由于新冠疫情,谢贤在 1 月份将该项部分所得用于购买防疫物品,并通过当地人民政府捐赠。

非居民个人所得税由扣缴义务人代扣代缴的,由扣缴义务人向非居民个人支付应税所得时代扣代缴,并在次月十五日内向主管税务机关报送《非居民个人所得税代扣代缴报告表》和主管税务机关要求报送的其他有关资料。扣缴义务人相关人员根据工资表和会计资料、员工提交的资料完成各项所得的计算和填报,最终完成个人所得税的代扣代缴。

扣缴义务人需要对谢贤的个人应税所得额进行准确计算,初步完成税款计算,并在自然人税收管理系统扣缴客户端熟练完成正常工资薪金所得、数月奖金所得、劳务报酬所得、稿酬所得、财产租赁所得、财产转让所得、利息股息红利所得、特许权使用费所得、偶然所得信息的填报，同时填报各类减免事项、个人股东股权转让信息、准予扣除的捐赠信息的填报，最终完成 1 月所属期的纳税申报。

任务一 工资薪金所得实务处理

【任务描述】

扣缴义务人需根据工资表、会计资料和员工提交的资料对非居民个人谢贤取得的正常工资薪金所得、数月奖金所得进行准确判断是否应该缴纳个人所得税，并根据所得完成税款计算。

【技能要求】

（1）能熟练完成对非居民个人取得工资薪金所得个人所得税的计算。

（2）能熟练完成对非居民个人工资薪金、数月奖金所得本期收入及免税收入、扣除及减除等项目的计算。

 **案例情景**

> A 公司的薪酬核算员在 2021 年 2 月 3 日拿到财务部人员提交的 1 月份工资发放表、会计资料和非居民个人资料，需要根据工资表和相关资料计算非居民个人谢贤 2021 年 1 月所属期代扣代缴个人所得税税额。非居民个人基础信息，如表 5-1 所示。
>
> 表 5-1 　　　　　　　　　　　非居民个人基础信息
>
> | 姓名 | 常住地 | 性别 | 出生日期 | 手机号 | 证件类型 | 证件号 |
> |---|---|---|---|---|---|---|
> | 谢贤 | 中国香港 | 男 | 1986.09.20 | 13156785990 | 港澳居民来往内地通行证 | H12345678 |
>
> 非居民个人谢贤，2020 年 11 月 20 日入境，当日前往 A 公司报到上班，协助搭建架构，预计 2021 年 1 月 20 日离境。期间薪资由 A 公司发放，每月需要支付谢贤 68 000 元的工资，香港总部每月补贴 8 000 元的交通补贴。谢贤因 2020 年 11 月到 12 月工作表现出色，2020 年 12 月获得数月奖金，其中属于境内所得为 48 000 元。
>
> 谢贤所在地区因台风受灾严重，按我国当地税收规定，谢贤在 2021 年 1 月份可以在非居民个人正常工资薪金所得应纳税额中直接减免税额 1 000 元。

一、业务要求和业务要点

（一）业务要求

（1）计算非居民个人谢贤正常工资薪金所得、数月奖金所得的应纳税所得额。

（2）计算非居民个人谢贤正常工资薪金所得、数月奖金所得的应纳税额。

（二）业务要点

（1）熟悉非居民个人所得税税率表（表 5-2）。

表 5-2　　　　　　　　　　　　　　个人所得税税率表

（非居民个人工资、薪金所得，劳务报酬所得，稿酬所得，特许权使用费所得适用）

级数	累计预扣预缴应纳税所得额	预扣率（%）	速算扣除数（元）
1	不超过 3 000 元的部分	3	0
2	超过 3 000 元至 12 000 元的部分	10	210
3	超过 12 000 元至 25 000 元的部分	20	1 410
4	超过 25 000 元至 35 000 元的部分	25	2 660
5	超过 35 000 元至 55 000 元的部分	30	4 410
6	超过 55 000 元至 80 000 元的部分	35	7 160
7	超过 80 000 元的部分	45	15 160

（2）掌握对非居民个人正常工资薪金所得、数月奖金所得应纳税额的计算方法。

（3）理解中国境内所得的范围。

二、业务流程和实务操作

（一）业务流程（图 5-1）

图 5-1　业务流程图

（二）实务操作

（1）计算非居民个人谢贤正常工资薪金收入额。

正常工资薪金收入额＝68 000＋8 000＝76 000（元）

（2）计算非居民个人谢贤正常工资薪金所得应纳税所得额。

应纳税所得额＝76 000－8 000－5 000＝63 000（元）

注意：香港总部每月向谢贤补贴 8 000 元的交通补贴属于免税收入。

（3）计算非居民个人谢贤正常工资薪金所得应纳税额。

减免税额＝1 000（元）

5

应纳税额＝63 000×35％－7 160－1 000＝13 890(元)

（4）计算非居民个人谢贤数月奖金所得应纳税额。

应纳税额＝[(48 000÷6)×10％－210]×6＝3 540(元)

三、知识链接

（一）非居民个人的界定

非居民个人指在中国境内无住所又不居住,或者无住所而一个纳税年度内在中国境内居住累计不满183天的个人。无住所个人一个纳税年度内在中国境内累计居住天数,按照个人在中国境内累计停留的天数计算。在中国境内停留的当天满24小时的,计入中国境内居住天数,在中国境内停留的当天不足24小时的,不计入中国境内居住天数。

（二）非居民个人工资薪金所得应纳税额计算

（1）非居民个人的工资薪金所得,以每月收入额减除费用五千元后的余额为应纳税所得额,则应纳税额的计算公式如下:

非居民个人工资、薪金所得应纳税额＝应纳税所得额×税率－速算扣除数

【小提示】

◇ 非居民个人不享受专项扣除、专项附加扣除和其他费用的扣除。

◇ 非居民个人发生的公益捐赠支出,未超过其在公益捐赠支出发生的当月应纳税所得额百分之三十的部分,可以从其应纳税所得额中扣除。

◇ 非居民个人取得工作薪金所得的纳税义务,如表5-3所示。

表 5-3　　　　　　　　非居民个人取得工作薪金所得的纳税义务

居住时间	纳税人	境内所得		境外所得	
		境内支付	境外支付	境内支付	境外支付
90日以内	非居民个人	征税	免税	不征税	不征税
90日—183日	非居民个人	征税	征税	不征税	不征税

（2）非居民个人一个月内取得数月奖金,不与当月其他工资薪金合并,按6个月分摊计税,不减除费用,适用月度税率表计算应纳税额,在一个公历年度内,对每一个非居民个人,该计税办法只允许适用一次。计算公式如下:

当月数月奖金应纳税额＝[(数月奖金收入额÷6)×适用税率－速算扣除数]×6

（3）非居民个人一个月内取得股权激励所得,不与当月其他工资薪金合并,按6个月分摊计税(一个公历年度内的股权激励所得应合并计算),不减除费用,适用月度税率表计算应纳税额,计算公式如下:

当月股权激励所得应纳税额＝[(本公历年度内股权激励所得合计额÷6)×适用税率－速算扣除数]×6－本公历年度内股权激励所得已纳税额

（4）非居民个人取得来源于境内的劳务报酬所得、稿酬所得、特许权使用费所得，以税法规定的每次收入额为应纳税所得额，适用月度税率表计算应纳税额。

（三）关于工资薪金所得来源地的规定

个人取得归属于中国境内（以下称境内）工作期间的工资薪金所得为来源于境内的工资薪金所得。境内工作期间按照个人在境内工作天数计算，包括其在境内的实际工作日以及境内工作期间在境内、境外享受的公休假、个人休假、接受培训的天数。在境内、境外单位同时担任职务或者仅在境外单位任职的个人，在境内停留的当天不足 24 小时的，按照半天计算境内工作天数。

无住所个人在境内、境外单位同时担任职务或者仅在境外单位任职，且当期同时在境内、境外工作的，按照工资薪金所属境内、境外工作天数占当期公历天数的比例计算确定来源于境内、境外工资薪金所得的收入额。境外工作天数按照当期公历天数减去当期境内工作天数计算。

（四）关于数月奖金以及股权激励所得来源地的规定

无住所个人取得的数月奖金或者股权激励所得按照上述规定确定所得来源地的，无住所个人在境内履职或者执行职务时收到的数月奖金或者股权激励所得，归属于境外工作期间的部分，为来源于境外的工资薪金所得；无住所个人停止在境内履约或者执行职务离境后收到的数月奖金或者股权激励所得，对属于境内工作期间的部分，为来源于境内的工资薪金所得。具体计算方法为：数月奖金或者股权激励乘以数月奖金或者股权激励所属工作期间境内工作天数与所属工作期间公历天数之比。

无住所个人一个月内取得的境内外数月奖金或者股权激励包含归属于不同期间的多笔所得的，应当先分别按照规定计算不同归属期间来源于境内的所得，然后再加总计算当月来源于境内的数月奖金或者股权激励收入额。

数月奖金是指一次取得归属于数月的奖金、年终加薪、分红等工资薪金所得，不包括每月固定发放的奖金及一次性发放的数月工资。股权激励包括股票期权、股权期权、限制性股票、股票增值权、股权奖励以及其他因认购股票等有价证券而从雇主取得的折扣或者补贴。

（五）中国境内所得的范围

下列所得，不论支付地点是否在中国境内，均为来源于中国境内的所得：

（1）因任职、受雇、履约等而在中国境内提供劳务取得的所得；

（2）将财产出租给承租人在中国境内使用而取得的所得；

（3）转让中国境内的建筑物、土地使用权等财产或者在中国境内转让其他财产取得的所得；

（4）许可各种特许权在中国境内使用而取得的所得；

（5）从中国境内的公司、企业以及其他经济组织或者个人取得的利息、股息、红利所得。

四、资源拓展

（一）非居民个人是否需要进行综合所得年度汇算清缴

非居民个人取得工资、薪金所得，劳务报酬所得，稿酬所得和特许权使用费所得，有扣缴

5

义务人的,由扣缴义务人按月或者按次代扣代缴税款,不办理年度汇算清缴。

（二）非居民个人所得税扣缴方法

扣缴义务人向非居民个人支付工资薪金所得,劳务报酬所得,稿酬所得和特许权使用费所得时,应当按以下方法按月或者按次代扣代缴个人所得税:

非居民个人的工资、薪金所得,以每月收入额减除费用五千元后的余额为应纳税所得额;劳务报酬所得、稿酬所得、特许权使用费所得,以每次收入额为应纳税所得额,适用按月换算后的非居民个人月度税率表(表5-2)计算应纳税额。其中,劳务报酬所得、稿酬所得、特许权使用费所得以收入减除百分之二十的费用后的余额为收入额。稿酬所得的收入额减按百分之七十计算。

任务二　劳务报酬所得实务处理

【任务描述】

扣缴义务人需根据相关资料对非居民个人谢贤取得的劳务报酬所得进行准确判断是否应该缴纳个人所得税,并根据所得完成税款计算。

【技能要求】

（1）能熟练完成对非居民个人取得劳务报酬所得个人所得税的计算。

（2）能熟练完成对非居民个人劳务报酬所得本期收入及免税收入、扣除及减除等项目的计算。

 案例情景

> 非居民个人谢贤受邀为国内G公司员工进行技术培训,每次劳务报酬为1 500元,共授课4次,培训结束时G公司支付谢贤培训费。G公司在向非居民个人谢贤支付培训费这笔劳务报酬时代扣代缴个人所得税。

一、业务要求和业务要点

（一）业务要求

（1）计算非居民个人谢贤劳务报酬所得的应纳税所得额。

（2）计算非居民个人谢贤劳务报酬所得的应纳税额。

（二）业务要点

（1）熟悉非居民个人所得税税率表。

（2）掌握非居民个人劳务报酬所得应纳税额的计算方法。

（3）理解工资、薪金所得和劳务报酬所得的区别。

二、业务流程和实务操作

（一）业务流程（图 5-2）

图 5-2　业务流程图

（二）实务操作

（1）计算非居民个人谢贤劳务报酬收入。

劳务报酬收入＝1 500×4＝6 000（元）

（2）计算非居民个人谢贤劳务报酬所得应纳税所得额。

应纳税所得额＝6 000×（1－20％）＝4 800（元）

（3）计算非居民个人谢贤劳务报酬所得应纳税额。

应纳税额＝4 800×10％－210＝270（元）

三、知识链接

（一）非居民个人劳务报酬所得应纳税额计算

劳务报酬所得属于一次性收入的，以取得该项收入为一次；属于同一项目连续性收入的，以一个月内取得的收入为一次。劳务报酬所得应纳税额的计算公式如下：

劳务报酬所得应纳税额＝每次收入×（1－20％）×税率－速算扣除数

（二）工资、薪金所得和劳务报酬所得的区别

在实际操作过程中，可能出现难以判定一项所得是属于工资、薪金所得，还是属于劳务报酬所得的情况。这两者的区别在于：工资、薪金所得是属于非独立个人劳务活动，即在机关、团体、学校、部队、企业、事业单位及其他组织中任职、受雇而得到的报酬；而劳务报酬所得，则是个人独立从事各种技艺、提供各项劳务取得的报酬。

【小提示】

> ◇　个人由于担任董事职务所取得的董事费收入，属于劳务报酬所得性质，按照劳务报酬所得项目征收个人所得税，但仅适用于个人担任公司董事、监事，且不在公司任职、受雇的情形。个人在公司（包括关联公司）任职、受雇，同时兼任董事、监事的，应将董事费、监事费与个人工资收入合并，统一按工资、薪金所得项目缴纳个人所得税。

5

四、资源拓展

扣缴义务人向非居民个人支付劳务报酬所得,应当按照以下方法按月或者按次代扣代缴税款:

应纳税所得额＝收入额＝收入－费用

应纳税额＝应纳税所得额×税率－速算扣除数

其中:收入为不含税收入;费用＝收入×20%;代扣代缴税率根据按月换算后的非居民个人所得税税率表确定,如表5-2所示。

非居民个人在一个纳税年度内税款扣缴方法保持不变,达到居民个人条件时,应当告知扣缴义务人基础信息变化情况,年度终了后按照居民个人有关规定办理汇算清缴。

任务三   稿酬所得实务处理

【任务描述】

扣缴义务人需根据相关资料对非居民个人谢贤的稿酬所得进行准确判断是否应该缴纳个人所得税,并根据所得完成税款计算。

【技能要求】

(1)能熟练完成对非居民个人取得稿酬所得个人所得税的计算。

(2)能熟练完成对非居民个人稿酬所得本期收入及免税收入、扣除及减除等项目的计算。

 案例情景

> 2020年12月15日,非居民个人谢贤的一篇长篇小说在国内某报纸副刊上连载,每周一期,每期稿酬250元,共连载4期,2021年1月5日连载结束,共获得稿酬1 000元,由国内某报刊公司代扣代缴非居民个人所得税。

一、业务要求和业务要点

(一)业务要求

(1)计算非居民个人谢贤稿酬所得的应纳税所得额。

(2)计算非居民个人谢贤稿酬所得的应纳税额。

(二)业务要点

(1)熟悉非居民个人所得税税率表。

(2)掌握非居民个人稿酬所得应纳税额的计算方法。

二、业务流程和实务操作

(一) 业务流程(图 5-3)

1. 稿酬所得的确认

2. 稿酬所得免税收入、扣除及减除项目的确定

3. 稿酬所得应纳税额的计算

非居民个人稿酬所得税务处理

图 5-3　业务流程图

(二) 实务操作

(1) 计算非居民个人谢贤稿酬收入。

稿酬收入＝250×4＝1 000(元)

(2) 计算非居民个人谢贤稿酬所得应纳税所得额。

应纳税所得额＝1 000×(1－20％)×70％＝560(元)

(3) 计算非居民个人谢贤稿酬所得应纳税额。

应纳税额＝560×3％＝16.8(元)

三、知识链接

非居民个人稿酬所得应纳税额计算

稿酬所得,以每次出版、发表取得的收入为一次。

扣缴义务人向非居民个人支付稿酬所得时,应当按以下方法按次代扣代缴个人所得税:

非居民个人的稿酬所得以每次收入额为应纳税所得额,适用按月换算后的非居民个人所得税税率表(表 5-2)计算应纳税额。稿酬所得以收入减除百分之二十的费用后的余额为收入额。稿酬所得的收入额减按百分之七十计算。其计算公式如下:

非居民个人稿酬所得应纳税所得额＝每次收入×(1－20％)×70％

非居民个人稿酬所得应纳税额＝应纳税所得额×税率－速算扣除数

5

四、资源拓展

(一) 关于报纸、杂志、图书出版等单位的职员在本单位的刊物上发表作品、出版图书取得所得征税的问题

(1) 任职、受雇于报纸、杂志等单位的记者、编辑等专业人员,因在本单位的报纸、杂志上发表作品取得的所得,属于因任职、受雇而取得的所得,应与其当月工资收入合并,按"工资、薪金所得"项目征收个人所得税。

除上述专业人员以外,其他人员在本单位的报纸、杂志上发表作品取得的所得,应按"稿酬所得"项目征收个人所得税。

(2) 出版社的专业作者撰写、编写或翻译的作品,由本社以图书形式出版而取得的稿费收入,应按"稿酬所得"项目计算缴纳个人所得税。

(二) 稿酬所得的计税比劳务报酬所得更加优惠的原因

稿酬所得,是指个人因其作品以图书、报刊形式出版、发表而取得的所得。将稿酬所得独立划归一个征税项目,而对不以图书、报刊形式出版、发表的翻译、审稿、书画所得归为劳务报酬所得,主要是考虑了出版、发表作品的特殊性。第一,它是一种依靠较高智力创作的精神产品;第二,它具有普遍性;第三,它与社会主义精神文明和物质文明密切相关;第四,它的报酬相对偏低。因此,稿酬所得应当与一般劳务报酬相区别,并给予适当优惠照顾。

任务四 财产租赁所得实务处理

【任务描述】

扣缴义务人需根据相关资料对非居民个人谢贤取得的财产租赁所得进行准确判断是否应该缴纳个人所得税,并根据所得完成税款计算。

【技能要求】

(1) 能熟练完成对非居民个人出租不动产、机器设备、车船及其他财产所得个人所得税的计算。

(2) 能熟练完成对非居民个人财产租赁所得本期收入及免税收入、扣除及减除等项目的计算。

 案例情景

> 境内 G 公司租用非居民个人谢贤的机器设备,租期 2 个月,每月向谢贤支付不含税租金 3 500 元,2020 年 12 月份设备发生故障,花费修理费 750 元,由谢贤本人支付,已取得合理有效的凭证,并提供给 G 公司。2020 年 12 月份,G 公司在向谢贤支付租金时,代扣代缴个人所得税。

5

一、业务要求和业务要点

(一) 业务要求

(1) 计算非居民个人谢贤财产租赁所得的应纳税所得额。

(2) 计算非居民个人谢贤财产租赁所得的应纳税额。

(二) 业务要点

(1) 熟悉非居民个人所得税税率表。

(2) 掌握非居民个人财产租赁所得应纳税额的计算方法。

二、业务流程和实务操作

（一）业务流程（图5-4）

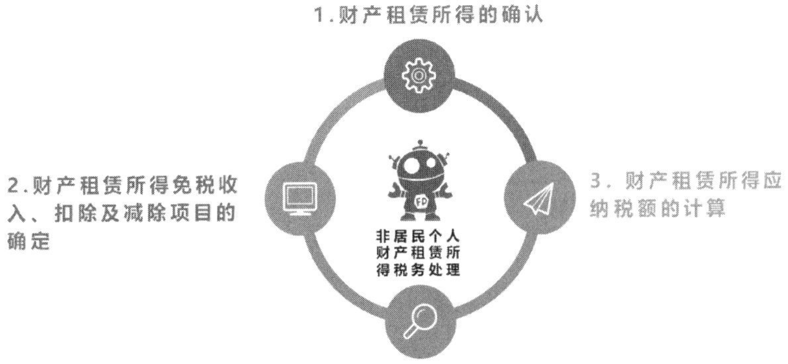

图5-4　业务流程图

（二）实务操作

（1）计算非居民个人谢贤财产租赁所得应纳税所得额。

应纳税所得额＝3 500－750－800＝1 950（元）

（2）计算非居民个人谢贤财产租赁所得应纳税额。

应纳税额＝1 950×20％＝390（元）

三、知识链接

（一）财产租赁所得的界定

财产租赁所得，是指个人出租不动产、机器设备、车船以及其他财产取得的所得。

（二）非居民个人财产租赁所得应纳税额计算

财产租赁所得，适用20％的比例税率，应纳税额的计算公式如下：

（1）每次（月）收入不超过4 000元的。

应纳税所得额＝每次（月）收入额－准予扣除项目－修缮费用－800元

应纳税额＝应纳税所得额×20％

（2）每次（月）收入超过4 000元的。

应纳税所得额＝［每次（月）收入额－准予扣除项目－修缮费用］×（1－20％）

应纳税额＝应纳税所得额×20％

（三）财产租赁收入确认期间

《中华人民共和国个人所得税法》第十二条的规定："纳税人取得利息、股息、红利所得，财产租赁所得，财产转让所得和偶然所得，按月或者按次计算个人所得税，有扣缴义务人的，由扣缴义务人按月或者按次代扣代缴税款。"

财产租赁所得，以一个月内取得的收入为一次，具体情况如下：

（1）一个月收取一年的租金，算一次收入，实务中税务机关放宽口径按照每月收入为一次。

(2) 每个月收取租金,每月算一次收入。

(3) 不同租赁标的物(比如出租两套房),分别算次数。

四、资源拓展

(一) 关于财产租赁所得计算缴纳个人所得税时税前扣除有关税、费的次序问题

个人出租财产取得的财产租赁收入,在计算缴纳个人所得税时,应依次扣除以下费用:

(1) 财产租赁过程中缴纳的税费;

(2) 由纳税人负担的该出租财产实际开支的修缮费用;

(3) 税法规定的费用扣除标准。

(二) 非居民纳税人财产租赁所得需要缴纳个人所得税的情形

《中华人民共和国个人所得税法实施条例》第三条规定,除国务院财政、税务主管部门另有规定外,将财产出租给承租人在中国境内使用而取得的所得,不论支付地点是否在中国境内,均为来源于中国境内的所得。因此,非居民个人将财产出租给承租人在中国境内使用而取得的所得,需要按规定缴纳个人所得税。

(三) 关于财产租赁所得的征税问题

(1) 纳税义务人在出租财产过程中缴纳的税金和国家能源交通重点建设基金、国家预算调节基金、教育费附加,可持完税(缴款)凭证,从其财产租赁收入中扣除。

(2) 纳税义务人出租财产取得财产租赁收入,在计算征税时,除可依法减除规定费用和有关税、费外,还准予扣除能够提供有效、准确凭证,证明由纳税义务人负担的该出租财产实际开支的修缮费用。允许扣除的修缮费用,以每次 800 元为限,一次扣除不完的,准予在下一次继续扣除,直至扣完为止。

(3) 确认财产租赁所得的纳税义务人,应以产权凭证为依据。无产权凭证的,由主管税务机关根据实际情况确定纳税义务人。

(4) 产权所有人死亡,在未办理产权继承手续期间,该财产出租而有租金收入的,以领取租金的个人为纳税义务人。

任务五   财产转让所得实务处理

5

【任务描述】

扣缴义务人需根据相关资料对非居民个人谢贤的财产转让所得进行准确判断是否应该缴纳个人所得税,并根据所得完成税款计算。

【技能要求】

(1) 能熟练完成对非居民个人财产拍卖所得及回流文物拍卖所得、股权转让所得及其他财产转让所得个人所得税的计算。

(2) 能熟练完成对非居民个人财产拍卖所得及回流文物拍卖所得、股权转让所得及其他财产转让所得本期收入及免税收入、扣除及减除、其他扣除及捐赠、捐赠方式等项目的计算。

📖 **案例情景**

非居民个人谢贤,2021 年 1 月在我国居住期间取得有关财产转让收入如下:

(1)将谢贤以 6 万元价格从商场购买的珠宝(有发票)进行拍卖,G 公司以最高应价 10 万元成为买受人,假定缴纳相关税费 2 000 元。

(2)谢贤拥有境内 B 公司 3%股权,谢贤已实缴出资 20 万元。现将全部股权以现金 30 万元的价格转让给 G 公司。

(3)谢贤离境前,将之前出租的机器设备转让给 G 公司,取得转让收入 3 万元,允许 扣除的税费为 4 500 元。

一、业务要求和业务要点

(一)业务要求

(1)计算非居民个人谢贤各项财产转让所得的应纳税所得额。

(2)计算非居民个人谢贤各项财产转让所得的应纳税额。

(二)业务要点

(1)熟悉非居民个人所得税税率表。

(2)掌握非居民个人各项财产转让所得应纳税额的计算方法。

二、业务流程和实务操作

(一)业务流程(图 5-5)

图 5-5 业务流程图

(二)实务操作

(1)计算非居民个人谢贤财产转让所得应纳税所得额。

拍卖珠宝应纳税所得额=100 000−60 000−2 000=38 000(元)

股权转让应纳税所得额=300 000−200 000=100 000(元)

其他财产转让应纳税所得额=30 000−4 500=25 500(元)

（2）计算非居民个人谢贤财产转让所得应纳税额。

拍卖珠宝个人所得应纳税额＝38 000×20％＝7 600（元）

股权转让个人所得应纳税额＝100 000×20％＝20 000（元）

其他财产转让个人所得应纳税额＝25 500×20％＝5 100（元）

三、知识链接

（一）非居民个人财产转让所得应纳税额计算

1. 财产拍卖所得及回流文物拍卖所得

应纳税额＝（收入总额－财产原值－合理费用）×适用税率

注意：纳税人如不能提供合法、完整、准确的财产原值凭证，不能正确计算财产原值的，按转让收入额的3％征收率计算缴纳个人所得税；拍卖品为经文物部门认定是海外回流文物的，按转让收入额的2％征收率计算缴纳个人所得税。

2. 股权转让所得（适用税率20％）

应纳税额＝（收入总额－财产原值－合理费用）×20％

3. 其他财产转让所得（适用税率20％）

应纳税额＝（收入总额－财产原值－合理费用）×20％

（二）财产原值的确认

1. 财产拍卖中财产原值

财产拍卖中财产原值，是指售出方个人取得该拍卖品的价格（以合法有效凭证为准）。具体为：

（1）通过商店、画廊等途径购买的，为购买该拍卖品时实际支付的价款。

（2）通过拍卖行拍得的，为拍得该拍卖品实际支付的价款及缴纳的相关税费。

（3）通过祖传收藏的，为其收藏该拍卖品而发生的费用。

（4）通过赠送取得的，为其受赠该拍卖品时发生的相关税费。

（5）通过其他形式取得的，参照以上原则确定财产原值。

2. 个人转让股权的原值

个人转让股权的原值依照以下方法确认：

（1）以现金出资方式取得的股权，按照实际支付的价款与取得股权直接相关的合理税费之和确认股权原值。

（2）以非货币性资产出资方式取得的股权，按照税务机关认可或核定的投资入股时非货币性资产价格与取得股权直接相关的合理税费之和确认股权原值。

（3）通过无偿让渡方式取得的股权，属于配偶、父母、子女、祖父母、外祖父母、孙子女、外孙子女、兄弟姐妹以及对转让人承担直接抚养或者赡养义务的抚养人或者赡养人情形的，按取得股权发生的合理税费与原持有人的股权原值之和确认股权原值。

（4）被投资企业以资本公积、盈余公积、未分配利润转增股本，个人股东已依法缴纳个人所得税的，以转增额和相关税费之和确认其新转增股本的股权原值。

（5）除以上情形外，由主管税务机关按照避免重复征收个人所得税的原则合理确认股权原值。

四、资源拓展

(一)非居民个人财产转让所得应缴纳的个人所得税的情形

《中华人民共和国个人所得税法实施条例》第三条规定,除国务院财政、税务主管部门另有规定外,转让中国境内的不动产等财产或者在中国境内转让其他财产取得的所得,不论支付地点是否在中国境内,均为来源于中国境内的所得。因此,非居民个人将财产转让,需要缴纳个人所得税。

(二)个人通过拍卖市场拍卖个人财产的相关规定:

个人拍卖除文字作品原稿及复印件外的其他财产,应以其转让收入额减除财产原值和合理费用后的余额为应纳税所得额,按照"财产转让所得"项目适用 20% 税率缴纳个人所得税。

任务六　利息股息红利所得实务处理

【任务描述】

扣缴义务人需根据相关资料对非居民个人谢贤的利息、股息、红利所得进行准确判断是否应该缴纳个人所得税,并根据所得完成税款计算。

【技能要求】

(1)能熟练完成对非居民个人利息、股息、红利收入个人所得税的计算。

(2)能熟练完成对非居民个人利息、股息、红利所得本期收入及免税收入、扣除及减除、其他扣除及捐赠、捐赠方式等项目的计算。

 案例情景

> 非居民个人谢贤获得如下利息、股息、红利收入,税款由相关企业按规定代扣代缴,其中:
>
> 非居民个人谢贤分别投资境内 H 公司、M 公司和 Q 公司 3 家上市公司的股票,截止到 2021 年 1 月 5 日,谢贤持有 H 公司股票期限超过 1 年,持有 M 公司股票的期限仅有 20 天,持有 Q 公司股票的期限为半年。2021 年 1 月 5 日,谢贤分别获得 3 家上市公司派发的股息、红利,其中 H 公司发放的红利为 3 000 元,M 公司发放的股息为 1 500 元,Q 公司发放的股息为 1 000 元。

5

一、业务要求和业务要点

(一)业务要求

(1)计算非居民个人谢贤利息、股息、红利所得的应纳税所得额。

(2)计算非居民个人谢贤利息、股息、红利所得的应纳税额。

(二)业务要点

(1)熟悉非居民个人所得税税率表。

（2）掌握非居民个人利息、股息、红利所得应纳税额的计算方法。

二、业务流程和实务操作

（一）业务流程（图5-6）

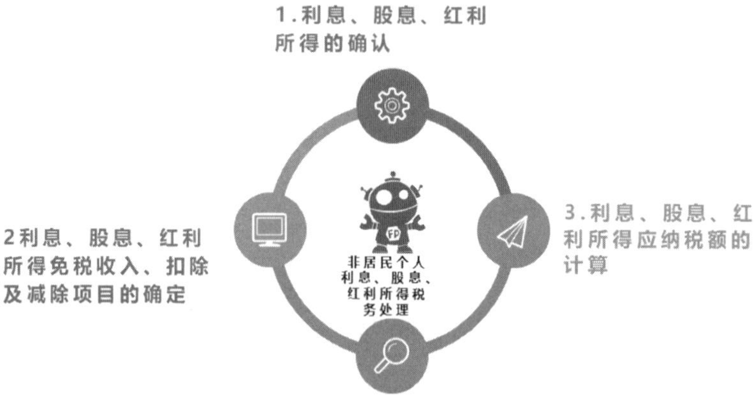

图5-6　业务流程图

（二）实务操作

（1）计算非居民个人谢贤利息、股息、红利所得收入额。

利息、股息、红利所得收入额＝3 000＋1 500＋1 000＝5 500（元）

（2）计算非居民个人谢贤利息、股息、红利所得免税收入额。

利息、股息、红利所得免税收入额＝3 000＋1 000×50％＝3 500（元）

（3）计算非居民个人谢贤利息、股息、红利所得应纳税所得额。

应纳税所得额＝5 500－3 500＝2 000（元）

（4）计算非居民个人谢贤利息、股息、红利所得应纳税额。

应纳税额＝2 000×20％＝400（元）

三、知识链接

（一）利息、股息、红利所得应纳税额计算

非居民个人利息、股息、红利所得应纳税额＝每次收入额×20％

注意：利息、股息、红利所得，以支付利息、股息、红利时取得的收入为一次。

（二）关于派发红股的征税问题

利息、股息、红利所得实行源泉扣缴的征收方式，其扣缴义务人应是直接向纳税义务人支付利息、股息、红利的单位。

四、资源拓展

关于上市公司股息红利差别化个人所得税政策有关问题的通知

（1）个人从公开发行和转让市场取得的上市公司股票，持股期限超过1年的，股息红利所得暂免征收个人所得税。

个人从公开发行和转让市场取得的上市公司股票,持股期限在1个月以内(含1个月)的,其股息红利所得全额计入应纳税所得额;持股期限在1个月以上至1年(含1年)的,暂减按50%计入应纳税所得额;上述所得统一适用20%的税率计征个人所得税。

(2)上市公司派发股息红利时,对个人持股1年以内(含1年)的,上市公司暂不扣缴个人所得税;待个人转让股票时,证券登记结算公司根据其持股期限计算应纳税额,由证券公司等股份托管机构从个人资金账户中扣收并划付证券登记结算公司,证券登记结算公司应于次月5个工作日内划付上市公司,上市公司在收到税款当月的法定申报期内向主管税务机关申报缴纳。

(3)上市公司股息红利差别化个人所得税政策其他有关操作事项,按照《财政部　国家税务总局　证监会关于实施上市公司股息红利差别化个人所得税政策有关问题的通知》(财税〔2012〕85号)的相关规定执行。

(4)全国中小企业股份转让系统挂牌公司股息红利差别化个人所得税政策,以及有关操作事项,按照《财政部　税务总局　证监会关于继续实施全国中小企业股份转让系统挂牌公司股息红利差别化个人所得税政策的公告》(财税〔2019〕78号)的相关规定执行。

任务七　特许权使用费所得实务处理

【任务描述】

扣缴义务人需根据相关资料对非居民个人谢贤的特许权使用费所得进行准确判断是否应该缴纳个人所得税,并根据所得完成税款计算。

【技能要求】

(1)能熟练完成对非居民个人特许权使用费所得个人所得税的计算。

(2)能熟练完成对非居民个人特许权使用费所得本期收入及免税收入、扣除及减除、其他扣除及捐赠、捐赠方式等项目的计算。

 案例情景

非居民个人谢贤,2021年1月将其一项专利权提供给A公司使用,A公司向谢贤支付专利权使用费20万元,由于新冠疫情,谢贤在1月份将该项所得中的2万元用于购买防疫物资,并通过当地人民政府捐赠,取得了合法票据,已提交给A公司。

一、业务要求和业务要点

(一)业务要求

(1)计算非居民个人谢贤特许权使用费所得的应纳税所得额。

(2)计算非居民个人谢贤特许权使用费所得的应纳税额。

(二)业务要点

(1)熟悉非居民个人所得税税率表。

(2)掌握准予扣除捐赠额的限额的相关规定。

（3）掌握非居民个人特许权使用费所得应纳税额的计算方法。

二、业务流程和实务操作

（一）业务流程（图 5-7）

1. 特许权使用费所得的确认

2. 特许权使用费所得免税收入、扣除及减除项目的确定

3. 特许权使用费所得应纳税额的计算

非居民个人特许权使用费所得税务处理

图 5-7　业务流程图

（二）实务操作

（1）计算非居民个人谢贤特许权使用费所得应纳税所得额。

应纳税所得额＝200 000×（1－20％）－20 000＝140 000（元）

分析：其中 20 000 元是捐赠额，因新冠疫情其通过当地人民政府捐赠防疫物资价值 2 万元，取得了合法票据并提供给该单位。根据《财政部　税务总局关于支持新型冠状病毒感染的肺炎疫情防控有关捐赠税收政策的公告》（财税〔2020〕9 号）规定，企业和个人直接向承担新冠肺炎疫情防治任务的医院捐赠用于应对新冠肺炎疫情的物品，允许在计算应纳税所得额时全额扣除。

（2）计算非居民个人谢贤特许权使用费所得应纳税额。

应纳税额＝140 000×45％－15 160＝47 840（元）

三、知识链接

（一）非居民个人特许权使用费所得应纳税额的计算

非居民个人的特许权使用费所得，以每次收入额为应纳税所得额，适用个人所得税税率计算应纳税额。特许权使用费所得以收入减除百分之二十的费用后的余额为收入额。应纳税额的计算公式如下：

非居民个人特许权使用费所得应纳税额＝每次收入×（1－20％）×适用税率－速算扣除数

（二）准予扣除捐赠额的限额

非居民个人发生的公益捐赠支出，未超过其在公益捐赠支出发生的当月应纳税所得额百分之三十的部分，可以从其应纳税所得额中扣除。扣除不完的公益捐赠支出，可以在经营所得中继续扣除。

　　国务院规定对公益捐赠全额税前扣除的,按照规定执行。个人同时发生按 30% 扣除和全额扣除的公益捐赠支出,可自行选择扣除次序。

四、资源拓展

(一) 对于作者将自己的文字作品手稿原件或复印件公开拍卖(竞价)所得的相关规定

　　根据《国家税务总局关于印发〈征收个人所得税若干问题的规定〉的通知》(国税发〔1994〕89 号),作者将自己的文字作品手稿原件或复印件拍卖取得的所得,应以其转让收入额减除 800 元(转让收入额 4 000 元以下)或者 20%(转让收入额 4 000 元以上)后的余额为应纳税所得额,按照"特许权使用费"所得项目适用 20% 税率缴纳个人所得税。

(二) 个人发生的公益捐赠支出金额的确定

　　个人发生的公益捐赠,按以下规定确定:
　　(1) 捐赠货币性资产的,按照实际捐赠金额确定。
　　(2) 捐赠股权、房产的,按照个人持有股权、房产的财产原值确定。
　　(3) 捐赠除股权、房产以外的其他非货币性资产的,按照非货币性资产的市场价格确定。

任务八　偶然所得实务处理

【任务描述】

　　扣缴义务人需根据相关资料对非居民个人谢贤的偶然所得进行准确判断是否应该缴纳个人所得税,并根据所得完成税款计算。

【技能要求】

　　(1) 能熟练完成对非居民个人偶然所得个人所得税的计算。
　　(2) 能熟练完成非居民个人偶然所得本期收入及免税收入、扣除及减除、其他扣除及捐赠、捐赠方式等项目的计算。

 案例情景

　　2021 年 1 月份,非居民个人谢贤取得以下偶然所得,税款由相关单位代扣代缴。
　　(1) 在国内某商场购买珠宝 60 000 元(已开具发票),参加购物抽奖活动,获得奖品为现金 11 000 元,假设不考虑其他税费。
　　(2) 2021 年 1 月 10 日购买福利彩票,一次中奖收入为 6 000 元。
　　(3) 谢贤获得国内某公司为进行业务宣传而发放的网络红包 100 元。

5

一、业务要求和业务要点

(一) 业务要求

　　(1) 计算非居民个人谢贤偶然所得的应纳税所得额。

(2) 计算非居民个人谢贤偶然所得的应纳税额。

（二）业务要点

(1) 熟悉非居民个人所得税税率表。

(2) 掌握非居民个人偶然所得应纳税额的计算方法。

二、业务流程和实务操作

（一）业务流程(图 5-8)

图 5-8　业务流程图

（二）实务操作

(1) 对个人购买福利彩票一次中奖收入 6 000 元,暂免征收个人所得税。

(2) 计算非居民个人谢贤偶然所得应纳税所得额。

应纳税所得额＝11 000＋100＝11 100(元)

(3) 计算非居民个人谢贤偶然所得应纳税额。

应纳税额＝11 100×20％＝2 220(元)

三、知识链接

（一）非居民个人偶然所得应纳税额的计算

偶然所得,以每次取得该项收入为一次,其应纳税额的计算公式为:

非居民个人偶然所得应纳税额＝每次收入额×20％

（二）免税的偶然所得

偶然所得免税的情形:

(1) 个人取得单张有奖发票奖金所得不超过 800 元的(含 800 元),暂免征收个人所得税;超过 800 元的,应全额按"偶然所得"项目征收个人所得税。

(2) 对个人购买福利彩票、体育彩票,一次中奖收入在 1 万元以下的(含 1 万元)暂免征收个人所得税;超过 1 万元的,全额征收个人所得税。

(3) 个人举报、协查各种违法、犯罪行为而获得的奖金,暂免征收个人所得税。

四、资源拓展

（一）企业进行宣传抽奖活动，奖品是其他酒店的抵用券、消费券，是否需要按照偶然所得扣缴个税

根据《财政部　税务总局关于个人取得有关收入适用个人所得税应税所得项目的公告》（财税〔2019〕74 号）第三条规定，企业在业务宣传、广告等活动中，随机向本单位以外的个人赠送礼品（包括网络红包，下同），以及企业在年会、座谈会、庆典以及其他活动中向本单位以外的个人赠送礼品，个人取得的礼品收入，按照"偶然所得"项目计算缴纳个人所得税，但企业赠送的具有价格折扣或折让性质的消费券、代金券、抵用券、优惠券等礼品除外。所以，企业进行宣传抽奖活动发放的消费券、抵用券，如果属于价格折扣或折让性质的不征收个人所得税。

（二）个人无偿受赠房屋的个人所得税缴纳

《财政部　税务总局关于个人取得有关收入适用个人所得税应税所得项目的公告》（财税〔2019〕74 号）规定，房屋产权所有人将房屋产权无偿赠与他人的，受赠人因无偿受赠房屋取得的受赠收入，按照"偶然所得"项目计算缴纳个人所得税。按照《财政部国家税务总局关于个人无偿受赠房屋有关个人所得税问题的通知》（财税〔2009〕78 号）第一条规定，符合以下情形的，对当事双方不征收个人所得税：

（1）房屋产权所有人将房屋产权无偿赠与配偶、父母、子女、祖父母、外祖父母、孙子女、外孙子女、兄弟姐妹。

（2）房屋产权所有人将房屋产权无偿赠与对其承担直接抚养或者赡养义务的抚养人或者赡养人。

（3）房屋产权所有人死亡，依法取得房屋产权的法定继承人、遗嘱继承人或者受遗赠人。

任务九　非居民个人所得报送实务处理

【任务描述】

根据任务一至任务八，非居民个人谢贤提交的资料，对非居民个人谢贤各项所得进行准确计算，并在"自然人税收管理系统扣缴客户端"中熟练完成非居民个人所得税代扣代缴的填报，包括减免事项附表、个人股东股权转让信息表、准予扣除的捐赠附表的填报。

【技能要求】

（1）能熟练完成在"自然人税收管理系统扣缴客户端"中非居民个人正常工资薪金所得、数月奖金所得、劳务报酬所得、稿酬所得、财产租赁所得、财产转让所得、利息股息红利所得、特许权使用费所得、偶然所得信息的填报，同时正确填报各类减免事项、个人股东股权转让信息、准予扣除的捐赠信息。

（2）能检查非居民个人所得申报表填写的完整性、准确性。

（3）能熟练完成非居民个人所得申报表的报送。

（4）能在非居民个人所得申报表错误情况下，完成申报更正操作。

5

案例情景

　　根据非居民个人谢贤提交的资料,完成了对谢贤取得的非居民所得的计算和填报,同时根据谢贤提交的减免事项和股权转让所得填写了附表,将申报表发送并缴纳了税款,最终完成非居民个人谢贤取得的非居民所得个人所得税扣缴工作。

一、业务要求和业务要点

(一) 业务要求

　　(1) 在"自然人税收管理系统扣缴客户端"中完成非居民个人谢贤各项所得的填报,包括非居民个人减免事项附表、个人股东股权转让信息表、准予扣除的捐赠附表的填报。

　　(2) 在非居民个人所得申报表错误情况下,完成申报更正操作。

(二) 业务要点

　　(1) 熟练根据业务逐项填写非居民所得各项收入和免税事项。

　　(2) 熟练使用"自然人税收管理系统扣缴客户端"进行非居民所得相关信息的查询和修改,包括非居民个人填报信息的单个信息修改和批量修改。

　　(3) 掌握非居民个人所得税申报及缴纳。

二、业务流程和实务操作

(一) 业务流程(图 5-9)

1.报表资料填写
登录"自然人税收管理系统客户端",根据整理的申报资料进行报表填报

2.附表资料填写
根据案例对于"减免事项附表""捐赠扣除附表"和"个人股东股权转让信息表"三张附表填列

3.申报发送
对于已填写报表进行申报发送

非居民个人所得报送实务处理

图 5-9　业务流程图

(二) 实务操作

　　非居民个人所得税申报及缴纳的具体操作步骤如下:

　　(1) 人员信息采集。登录"自然人税收管理系统扣缴客户端",点击【人员信息采集】菜单,选择【境外人员】,点击【添加】按钮即可进行单个人员信息采集,点击【导入】按钮进行模板下载即可进行批量人员信息采集。人员信息填写完毕,审核无误后点击【报送】按钮,同时通过点击【获取反馈】按钮,可查看人员采集报送结果。点击人员信息采集中【更

多操作】按钮即可进行人员信息批量修改及隐藏非正常人员等,相关填写界面如图 5-10 所示。

图 5-10　非居民个人信息填写界面

(2) 填写非居民个人正常工资薪金所得相关信息,填完后点击【保存】按钮,相关填写界面如图 5-11 所示。

图 5-11　非居民个人正常工资薪金所得填写界面(含减免税额)

（3）填写非居民个人数月奖金所得相关信息，填完后点击【保存】按钮，相关填写界面如图 5-12 所示。

图 5-12　非居民个人数月奖金所得填写界面

（4）填写非居民个人劳务报酬所得信息，填完后点击【保存】按钮，相关填写界面如图 5-13 所示。

图 5-13　非居民个人劳务报酬所得填写界面

（5）填写非居民个人稿酬所得信息，填完后点击【保存】按钮，相关填写界面如图 5-14 所示。

图 5-14　非居民个人稿酬所得填写界面

（6）填写非居民个人财产租赁所得信息，填完后点击【保存】按钮，相关填写界面如图 5-15 所示。

图 5-15　非居民个人财产租赁所得填写界面

（7）填写非居民个人财产转让所得信息，填写后点击【保存】按钮，相关填写界面如图 5-16—图 5-18 所示。

图 5-16 非居民个人财产拍卖所得及回流文物拍卖所得填写界面

图 5-17 股权转让所得填写界面

图 5-18 其他财产转让所得填写界面

（8）填写非居民个人利息、股息、红利所得信息，填写后点击【保存】按钮，相关填写界面如图 5-19 所示。

图 5-19 非居民个人利息、股息、红利所得填写界面

（9）填写非居民个人特许权使用费所得信息，填写后点击【保存】按钮，相关填写界面如图 5-20 所示。

图 5-20 非居民个人特许权使用费所得填写界面

（10）填写非居民个人偶然所得信息，填写后点击【保存】按钮，相关填写界面如图 5-21、图 5-22 所示。

图 5-21 非居民个人偶然所得填写界面(1)

图 5-22　非居民个人偶然所得填写界面(2)

(11) 附表资料填写。若非居民所得申报表中填写了"减免税额"的需填写减免事项附表;填写了"实际捐赠额"的需填写准予扣除的捐赠附表;填写了"股权转让所得"的需填写个人股东股权转让信息表,相关填写界面如图 5-23、图 5-24 所示。

图 5-23　减免事项附表填写界面

图 5-24　个人股东股权转让附表填写界面

【小提示】

> ✧ 准予扣除的捐赠附表的填写内容。
>
> 【受赠单位名称】:填写受赠单位的法定名称全称。
>
> 【受赠单位纳税人识别号(统一社会信用代码)】:填写受赠单位的纳税人识别号或者统一社会信用代码。
>
> 【捐赠凭证】:填写捐赠票据的凭证号。
>
> 【捐赠日期】:填写个人发生的公益慈善事业捐赠的具体日期。
>
> 【捐赠金额】:填写个人发生的公益慈善事业捐赠的具体金额。
>
> 【扣除比例】:填写税法规定的可以公益慈善事业捐赠支出税前扣除的比例,如30%或者100%。
>
> 【实际扣除金额】:填写个人取得"扣除所得项目"对应收入办理扣缴申报或者自行申报时,实际扣除的公益慈善事业捐赠支出金额。
>
> 【备注】:填写非居民个人认为需要特别说明的或者税务机关要求说明的事项。

（12）申报表报送。非居民个人的当期收入总额、应纳税额、应补退税额事项会自动生成,审核申报人数、应纳税额等信息,如果准确无误,则点击【发送申报】按钮,获取反馈,完成个人所得申报,若有错误可通过【更正申报】进行处理,若已获取反馈则需进行申报作废操作,如图 5-25、图 5-26 所示。

（13）缴纳税款。申报成功后,点击【立即缴款】按钮,进行三方协议缴款,点击【确认扣款】按钮,完成缴纳税款,如图 5-27 所示。

图 5-25　申报表报送界面

图 5-26　获取反馈界面

图 5-27　缴纳税款界面

三、知识链接

非居民个人所得税自行申报规定

（1）非居民个人所得税自行申报的情形包括：从中国境内取得应税所得没有扣缴义务人的；从中国境内取得应税所得，扣缴义务人未扣缴税款的；从中国境内两处或两处以上取得工资、薪金所得的；国务院规定的其他情形。

（2）非居民个人取得工资、薪金所得，劳务报酬所得，稿酬所得，特许权使用费所得，扣缴义务人未扣缴税款的，应当在取得所得的次年 6 月 30 日前，向扣缴义务人所在地主管税务机关办理纳税申报。有两个以上扣缴义务人均未扣缴税款的，选择向其中一处扣缴义务人所在地主管税务机关办理纳税申报。

（3）非居民个人在中国境内从两处以上取得工资、薪金所得的，应当在取得所得的次月 15 日内，向其中一处任职、受雇单位所在地主管税务机关办理纳税申报。

非居民个人取得利息、股息、红利所得，财产租赁所得，财产转让所得和偶然所得的，扣缴义务人未扣缴税款的，应当在取得所得的次年 6 月 30 日前，按相关规定向主管税务机关办理纳税申报。税务机关通知限期缴纳的，纳税人应当按照期限缴纳税款。

（4）非居民个人在次年 6 月 30 日前离境（临时离境除外）的，应当在离境前办理纳税申报。

（5）符合税收优惠条件的纳税人，在减税、免税期间，应按规定办理纳税申报，填写申报表及其附表上的优惠栏目。

四、资源拓展

无住所个人按照税收协定（包括内地与香港、澳门签订的税收安排）居民条款为缔约对方税收居民（以下简称对方税收居民）的，即使其按照税法规定为中国税收居民，也可以按照

税收协定的规定,选择享受税收协定条款的优惠待遇。主要优惠待遇包括:

(1)境外受雇所得协定待遇。根据税收协定中受雇所得条款,对方税收居民个人在境外从事受雇活动取得的受雇所得,可不缴纳个人所得税,仅将境内所得计入境内计税的工资薪金收入额,计算缴纳个人所得税。

(2)境内受雇所得协定待遇。根据税收协定中受雇所得条款,对方税收居民个人在税收协定规定的期间内境内停留天数不超过183天的,从事受雇活动取得受雇所得,只将境内支付的境内所得计入境内计税的工资薪金收入额,计算缴纳个人所得税。

(3)独立个人劳务或者营业利润协定待遇。根据税收协定中独立个人劳务或者营业利润条款,对方税收居民取得独立个人劳务所得或者营业利润,符合税收协定规定条件的,可不缴纳个人所得税。

(4)董事费条款规定。对方税收居民为高管人员,取得的董事费、监事费、工资薪金及其他类似报酬,应优先适用税收协定董事费条款相关规定。如果对方税收居民不适用董事费条款的,应按照税收协定中受雇所得(非独立个人劳务)、独立个人劳务或营业利润条款的规定处理。

(5)特许权使用费或者技术服务费协定待遇。根据税收协定中特许权使用费条款或者技术服务费条款,对方税收居民取得特许权使用费或技术服务费,应按不超过税收协定规定的计税所得额和征税比例计算纳税。无住所居民个人在根据税收协定的居民条款被判定为对方税收居民,并选择享受协定待遇时,可按照税收协定规定的计税所得额和征税比例单独计算应纳税额,不并入综合所得计算纳税。

按照国内税法判定为居民个人的,可以在预扣预缴和汇算清缴时按规定享受协定待遇,按照国内税法判定为非居民个人的,可以在取得所得时享受协定待遇。

5

项目六 人力资源及薪酬管理

【项目描述】

王菲是华强智能机械有限公司的薪酬核算专员,2021年3月5日收到人事部门转来新入职员工和离职员工有关资料。王菲需要完成以下具体工作:

(1)为新入职员工办理社会保险职工参保登记。

(2)为离职员工办理暂停参保。

(3)根据人事部门转交的考勤表,计算应代扣代缴职工个人社会保险和住房公积金,并在此基础上编制工资表。

(4)进行社会保险、其他福利等工资项目的会计核算。

任务一 人员信息管理

【任务描述】

借助信息化手段进行新员工的入职管理、人员信息维护、人员信息查询、登记员工花名册、查询人员统计报表等工作。

【技能要求】

(1)能熟练办理人员入职管理工作。

(2)能熟练操作各种人员信息化管理系统。

(3)能熟练操作Excel软件进行人员信息登记与汇总。

 案例情景

王菲在2021年3月5日收到人力资源部转来的人员变动登记表,采集新入职员工个人信息,完成新员工入职管理相关工作,同时对企业人员信息进行日常维护。

一、业务要求和业务要点

（一）业务要求

（1）采集新入职员工龚继静、岁穗的个人信息，并录入员工管理系统。

（2）整理归档相关人员信息材料。

（二）业务要点

（1）根据企业人力资源管理制度进行员工信息维护。

（2）为员工办理社会保险登记准备材料。

二、业务流程和实务操作

（一）业务流程（图 6-1）

图 6-1　业务流程图

（二）实务操作

在员工管理系统中更新人员信息，2021 年 3 月公司新增及变更员工信息如表 6-1 所示。

表 6-1　　　　　　　　　　公司新增及变更员工信息表

序号	部门	岗位	工号	姓名	性别	身份证号	入职时间	离职时间
1	销售部	销售员	2021001	龚继静	女	330101199808083529	2021-3	
2	财务部	出纳	2021002	岁穗	女	312425200005061828	2021-3	
3	销售部	业务员	2008008	马超超	男	322501198810083535		2021-3

三、知识链接

（一）企业可以收集的员工信息

根据《劳动合同法》第八条规定，企业有权了解员工与劳动合同直接相关的基本情况，员工应当如实说明。与劳动合同直接相关的基本情况包括健康状况、知识技能、学历、职业资格、工作经历以及部分与工作相关的劳动者个人情况，如家庭地址、主要家庭成员构成等。同时，员工还应当提供姓名、住址、居民身份证或其他有效身份证件号码，以便劳动合同的签署；提供银行账号信息以便公司发放工资。

同时，根据《劳动合同法》第七条和《劳动合同法实施条例》第八条，企业应当建立职工花名册备查，职工花名册应当包括劳动者的姓名、性别、身份证号码、户籍地址及现住址、联系方式、用工形式、用工起始时间、劳动合同期限等内容。

（二）员工离职后个人信息的处理

根据《个人信息保护法》的规定，企业对于个人信息保护影响评估报告和处理情况记

6

表 6-2

社会保险职工增减表

单位名称（盖章）：华强智能机械有限公司　　　　　　　　　　　　　　　　　单位编码：33009999

身份证号码	姓名	申报工资（元/月）	变更类别 增加	变更类别 减少	本次增减时间	户口性质	个人人身份	手机号码	通信地址	备注
1	2	3	4	4	5	6	7	8	9	10
330101199808083529	龚继静	3 000	√		20210301	①	①	19912345566		
312425200005061828	岁　穗	2 800	√		20210301	①	①	19912341166		
322501198810083535	马超超			√	20210301	①	①	17712345566		
4										
5										

填报人签字：　　　　　　　　　　　联系电话：　　　　　　　　　社保机构经办人：

填表说明：1. 第 4 栏请勾选，变更类型为减少时，只需填报第 1、2、5 栏。

2. 第 5 栏填报参保缴费开始或停止时间，格式为 YYYYMMDD。

3. 第 6 栏用代码填报：①省内非农业户口；②省内农业户口；③省外非农业户口；④省外农业户口。

4. 第 7 栏用代码填报：①企业在职；②企业退休；③公务员在职；④公务员退休；⑤参照公务员在职；⑥参照公务员退休；⑦事业在职；⑧事业退休；⑨机关事业单位编外在职。

5. 填报单位应加盖单位公章或人事部门章。

6. 本表一式两份，受理后社保经办机构、申报单位各执一份。

年　　　月　　　日

录应当至少保存三年;同时《劳动合同法》规定,企业对于已经解除或终止的劳动合同的文本至少保存两年备查。从管理方便性、统一性角度而言,建议企业可统一按照三年来管理。

超过保存期限之后,企业可选择删除个人信息,也可选择对个人信息进行匿名化处理。

四、资源拓展

根据《个人信息保护法》的规定,企业违反个人信息保护法的规定处理个人信息,或者处理个人信息未履行本法规定的个人信息保护义务的,由履行个人信息保护职责的部门责令改正,给予警告,没收违法所得,对违法处理个人信息的应用程序,责令暂停或者终止提供服务;拒不改正的,并处一百万元以下罚款;对直接负责的主管人员和其他直接责任人员处一万元以上十万元以下罚款。情节严重的,由省级以上履行个人信息保护职责的部门责令改正,没收违法所得,并处五千万元以下或者上一年度营业额百分之五以下罚款,并可以责令暂停相关业务或者停业整顿、通报有关主管部门吊销相关业务许可或者吊销营业执照;对直接负责的主管人员和其他直接责任人员处十万元以上一百万元以下罚款,并可以决定禁止其在一定期限内担任相关企业的董事、监事、高级管理人员和个人信息保护负责人。

任务二　社会保险费用业务办理

【任务描述】

为新入职员工办理社会保险职工参保登记,同时为离职员工办理暂停参保;根据职工工资在社保系统中调整缴费基数。

【技能要求】

(1) 能熟练办理职工参保登记工作。

(2) 能熟练办理社会保险职工暂停参保工作。

(3) 能在社会保险管理系统中办理职工社保基数调整业务。

(4) 能根据不同员工情况准确计算各项社会保险费。

(5) 能熟练办理社会保险费的申报与缴纳业务。

 案例情景

王菲在 2021 年 3 月 9 日在社会保险系统中为新入职员工办理社会保险登记,为离职员工办理暂停社保业务,具体信息如表 6-2 所示。

王菲在 2021 年 4 月 10 日为单位参保人员进行社会保险费核定。

王菲在 2021 年 5 月 10 日为单位参保人员办理社会保险费的申报与缴纳。

一、业务要求和业务要点

（一）业务要求

（1）为新入职员工办理社会保险登记。

（2）为离职员工办理暂停社会保险业务。

（3）为单位参保人员进行社会保险费计算、申报与缴纳。

（4）为单位参保人员进行社会保险费核定。

（二）业务要点

（1）掌握职工社会保险登记操作流程。

（2）熟悉社会保险登记需要的相关材料。

（3）掌握参保个人应缴基本养老保险费的核定办法。

（4）掌握社会保险费的计算、申报与缴纳。

二、业务流程和实务操作

（一）业务流程（图 6-2）

图 6-2　业务流程图

（二）实务操作

各地的社会保险管理存在一定差异，以下主要以浙江省某市为例介绍。该市规定用人单位应向社会保险经办机构办理社会保险登记，向税务机关办理社会保险缴费登记。对实行"多证合一"的用人单位办理社会保险缴费登记及变更手续时，有关部门按规定实行并联办理，一次办结。

1. 社会保险职工参保登记

用人单位应当在与职工形成劳动关系的 30 日内为其办理社会保险登记。

（1）新增单个参保职工。

操作步骤如下：

① 进入【浙江省社会保险网上服务系统】选择【参保征缴】，点击【社会保险职工参保登记】模块，如图 6-3 所示。

② 输入参保职工社会保障号码后，点击【搜索】按钮，如果信息系统中有该职工信息，系统会自动读取，相关界面如图 6-4、图 6-5 所示。

③ 填写相关信息，"＊"为必填项，填写完成后点击【下一步】按钮，提示保存成功，申报业务即完成。

图 6-3　社会保险职工参保登记

单位信息

统一社会信用代码：	单位编码：	单位状态：正常
单位类型：企业	隶属关系：县（区）	行政区：
法人证件类型：居民身份证	法人证件号码：	法人姓名：

当前参保险种

基本养老保险　失业保险　工伤保险

基本信息

图 6-4　填写人员信息（1）

联系信息

* 手机号码　[请输入]	联系电话　[请输入]	电子邮箱　[请输入]
* 联系地址　[请输入]		邮政编码　[请输入]

参保信息

* 本次参保时间　[📅 2020-07-23]	* 参保身份　[请选择 ⌄]	* 申报工资　[请输入]
职工工种　[请选择 ⌄]	离退休年龄　[请选择 ⌄]	用工形式　[请选择 ⌄]

序号	所属统筹区	险种类型	缴费基数	费率档次	首次参保年月

暂无数据

温馨提示：参保身份为非全日制用工、技校实习生、超龄人员、疫情期间临聘人员、联防联控人员时只参加工伤保险。

[下一步]　[撤回]

图 6-5　填写人员信息 (2)

【小提示】

　◇ 如操作有误可以点击【撤回】按钮，系统会提示【是否作废该办件?】，点击【确定】按钮后，即可作废系统跳转到菜单页面，重新办理其他业务。

　◇ 如需查询审批状态，可在【单位业务申报进度查询】模块查询。

　◇ 人员新参保和续保都是在【社会保险职工参保登记】模块中操作，系统会自动鉴别人员状态。

（2）批量新增参保职工。

如果新增人员较多，可以选择批量新增的方式。操作步骤如下：

① 进入系统后选择【参保征缴】，点击【人员批量新参保】模块，如图 6-6 所示。

② 进入办理界面，点击【下载模板】按钮，按模板格式填写好文档后，点击【导入】按钮，如图 6-7 所示。若在导入时出现错误，可点击【导出错误数据】按钮查看详情，或者点击【导入校验失败信息】标签页查看失败原因。

③ 导入成功后，点击【保存】按钮即可，完成后的业务可在【单位业务申报进度查询】模块中查看业务审批状态。

2. 社会保险职工暂停参保（职工停保）

用人单位与职工终止劳动关系后，应当先办理参保人员中断参保手续，再缴清欠缴的社会保险费及其利息、滞纳金，并办理社会保险缴费登记注销手续。

（1）社会保险职工单个暂停参保。

操作步骤如下：

① 进入【浙江省社会保险网上服务系统】选择【参保征缴】，点击【社会保险职工暂停参保】模块，如图 6-8 所示。

业务申报: 参保征缴 ｜ **养老待遇** ｜ **工伤待遇** ｜ **工伤认定** ｜ **劳动能力鉴定**

参保征缴

缴费工资预启用核对 ＞

单位管理

参保单位查询打印社会保险信息 ＞	社会保险单位参保登记-受理1 ＞	社会保险单位参保信息变更登记 ＞
单位人员增减变动查询 ＞		

人员管理

社会保险职工参保登记 ＞	人员批量新参保 ＞	人员批量暂停参保 ＞
参保个人应缴基本养老保险费核定 ＞	社会保险职工参保险种新增登记 ＞	社会保险职工参保暂停 ＞
社会保险职工参保信息变更登记 ＞	申请补缴城镇职工社会保险费 ＞	企业职工基本养老保险关系接续 ＞

图 6-6　进入批量参保模块

图 6-7　下载模板

6

图 6-8　社会保险职工暂停参保

② 进入办理界面,输入社会保障号码后点击【搜索】按钮,系统会自动读取人员信息,如图 6-9 所示。

图 6-9　填写中断原因

③ 填写相关信息,其中"＊"为必填项,填写完成后点击【确定申报】按钮即可,完成后的业务可在【单位业务申报进度查询】模块中查看业务审批状态。

（2）社会保险职工批量暂停参保。

操作步骤如下:

6

①进入系统后选择【参保征缴】，点击【人员批量暂停参保】模块。

②进入办理界面，点击【下载模板】按钮，按模板格式填写好文档后，点击【导入】按钮，如图6-10所示。若在导入时出现错误，可点击【导出错误数据】按钮查看详情，或者点击【导入校验失败信息】标签页查看失败原因。

③导入成功后，点击【保存】按钮即可，完成后的业务可在【单位业务申报进度查询】模块中查看业务审批状态。

图6-10　下载模板

【小提示】

◇ 下载的模板格式不能随意修改，不然会导致导入报错。

3. 社会保险职工参保信息变更登记

用人单位的社会保险登记或者社会保险缴费登记事项发生变更的，应当自变更之日起30日内办理变更登记。具体操作步骤如下：

（1）进入【浙江省社会保险网上服务系统】选择【参保征缴】，点击【社会保险职工参保信息变更登记】模块，如图6-11所示。

（2）进入办理界面，输入参保职工社会保障号码后，点击【搜索】按钮，系统会自动读取人员信息，如图6-12所示。

图 6-11   社会保险职工参保信息变更登记

图 6-12   填写变更信息

（3）填写相关信息，"＊"为必填项，填写完成后点击【完成】按钮，申报业务即提交成功。

（4）若填写有错误，点击【撤回】按钮，系统会提示【是否作废该办件？】，点击【确定】按钮后，跳转到菜单页面，重新办理其他业务。

（5）完成后的业务可在【单位业务申报进度查询】模块中查看业务审批状态。

4. 参保个人应缴基本养老保险费的核定、复核

（1）参保个人应缴基本养老保险费的核定（申报上年度工资）。

具体操作步骤如下：

① 进入【浙江省社会保险网上服务系统】选择【参保征缴】，点击【参保个人应缴基本养老保险费核定】模块。

② 进入办理界面，输入参保职工社会保障号码后，点击【搜索】按钮，系统自动读取人员信息。

③ 填写并核对完相关信息后，点击【完成】按钮，申报业务即提交成功。

④ 若填写有错误，点击【撤回】按钮，系统会提示【是否作废该办件？】，点击【确定】按钮后，跳转到菜单页面，重新办理其他业务。

（2）参保个人社会保险缴费工资复核（调整缴费基数）。

具体操作步骤如下：

① 进入系统选择【参保征缴】，点击【参保个人社会保险缴费工资复核】模块。

② 进入办理界面，输入参保职工社会保障号码后，点击【搜索】按钮，系统会自动读取人员信息。

③ 复核并填写完成相关信息后，点击【完成】按钮，复核调整业务即提交成功。

5. 职工社会保险费计算与申报

（1）职工社会保险费的计算。

职工需缴纳的社会保险费根据缴费基数和缴费比例计算而来，其计算公式如下：

$$职工需缴纳的社会保险费 = 缴费基数 × 缴费比例$$

社会保险费的缴费基数，按照职工本人上一年度月平均工资确定。当年新成立的用人单位的职工或者用人单位当年新增的职工，以当年第一个月工资为本人上一年度月平均工资。浙江省社会保险费缴纳规定：如果职工本人上一年度月平均工资低于上一年度浙江省在岗职工月平均工资 60% 的，按照上一年度浙江省在岗职工月平均工资的 60% 确定；高于上一年度浙江省在岗职工月平均工资 300% 的，按照上一年度浙江省在岗职工月平均工资的 300% 确定。

［举例］华强智能机械有限公司会计为单位职工计算 2021 年职工社会保险费，其中职工工资收入基本情况（部分）如表 6-3 所示。2020 年，浙江省全社会单位就业人员年平均工资为 71 523 元，即全省平均月工资为 5 960.25 元。

表 6-3　　　　　　　　　　用人单位职工工资申报表（部分）

单位名称：华强智能机械有限公司　　　　　　　　　　　　　　　　　单位编码：33009999

序号	个人编码	社会保障号码	姓　名	上年度月工资收入（元）	备　注
1	00888801	330188197605051256	李　山	20 800	
2	00888802	330638198808081223	王　思	15 400	
3	00888803	320506198912123232	赵　倩	6 800	
4	00888804	340125199509093456	章　武	3 000	

填报人签字：　　　　　　　　　　联系电话：　　　　　　　　　　填报时间：

6

分析：

全省平均月工资为 5 960.25 元，则缴费工资基数的上限为 17 880.75 元（5 960.25×300%），下限为 3 576.15 元（5 960.25×60%）。从华强智能机械有限公司工资申报表（部分）可看出，李山的月平均工资超过了 300%，需按 17 880.75 元计算社会保险费；而章武、龚继静、岁穗的月平均工资低于 60%，按 3 576.15 元计算社会保险费。据此可计算得出华强智能机械有限公司所在市的社会保险缴费基数和相应的比例，如表 6-4 所示。

表 6-4　　　　　　华强智能机械有限公司所在市社会保险缴费基数、比例表

参加险种	缴费工资基数（元）		缴费比例		最低缴费金额（元）		最高缴费金额（元）	
	下限	上限	单位	个人	单位	个人	单位	个人
养老保险			14%	8%	500.66	286.09	2 503.31	1 430.46
医疗保险	3 576.15	17 880.75	10.50%	2.00%	375.50	71.52	1 877.48	357.62
失业保险			0.50%	0.50%	17.88	17.88	89.40	89.40

据此可计算华强智能机械有限公司 2021 年度职工的社会保险费，具体计算结果如表 6-5 所示。

表 6-5　　　华强智能机械有限公司职工养老保险、医疗保险和失业保险计算表（部分）

序号	个人编码	社会保障号码	姓　名	上年度月工资收入（元）	缴费基数	养老保险（8%）	医疗保险（2%）	失业保险（0.5%）
1	00888801	330188197605051256	李　山	20 800	17 880.75	1 430.46	357.62	89.40
2	00888802	330638198808081223	王　思	15 400	15 400	1 232	308	77
3	00888803	320506198912123232	赵　倩	6 800	6 800	544	136	34
4	00888804	340125199509093456	章　武	3 000	3 576.15	286.09	71.52	17.88
5	0088910	330101199808083529	龚继静		3 576.15	286.09	71.52	17.88
6	0088911	312425200005061828	岁　穗		3 576.15	286.09	71.52	17.88

（2）职工社会保险费的申报。

单位社保缴费人通过电子税局可以申报及缴纳养老、基本医疗、失业等保险社保费。具体操作步骤如下：

① 单位社保缴费人登录电子税务后，在主页点击【我要办税】标签页，选择【社会保险费申报及缴纳】，如图 6-13 所示。

② 点击【在线办理】按钮，如图 6-14 所示。

③ 点击【在线办理】后，显示【社会保险费缴费申报表】，查看社会保险费缴费数据，确认无误后，点击【提交申报】按钮，如图 6-15 所示。

（3）费款缴纳。

社会保险费缴费申报表提交成功后，可进行费款缴纳。单位缴费人需要与税务局签订三方协议，查询出应缴款信息后，点击【确定】按钮，完成费款缴纳，如图 6-16 所示。

6

图 6-13　选择【社会保险费申报及缴纳】

图 6-14　社会保险费在线办理

图 6-15 社会保险费缴费申报表

图 6-16 确认缴款

　　社会保险费确认缴款后,可进行【单位社保费申报缴费查询】。申报成功且未缴款的申报信息,可进行作废操作,如图 6-17 所示。

图 6-17　单位社保费申报缴费查询

三、知识链接

(一)关于社会保险登记

　　《中华人民共和国社会保险法》第五十七条规定:用人单位应当自成立之日起三十日内凭营业执照、登记证书或者单位印章,向当地社会保险经办机构申请办理社会保险登记。社会保险经办机构应当自收到申请之日起十五日内予以审核,发给社会保险登记证件。

　　《中华人民共和国社会保险法》第五十八条第一款规定:用人单位应当自用工之日起三十日内为其职工向社会保险经办机构申请办理社会保险登记。未办理社会保险登记的,由社会保险经办机构核定其应当缴纳的社会保险费。

　　《社会保险征缴暂行条例》第七条规定:缴费单位必须向当地社会保险经办机构办理社会保险登记,参加社会保险。登记事项包括:单位名称、住所、经营地点、单位类型、法定代表人或者负责人、开户银行账号以及国务院劳动保障行政部门规定的其他事项。

(二)关于社会保险费的缴纳

　　《中华人民共和国社会保险法》第六十条第一款规定:用人单位应当自行申报、按时足额缴纳社会保险费,非因不可抗力等法定事由不得缓缴、减免。职工应当缴纳的社会保险费由用人单位代扣代缴,用人单位应当按月将缴纳社会保险费的明细情况告知本人。

　　《社会保险费征缴暂行条例》第十条第一款规定:缴费单位必须按月向社会保险经办机构申报应缴纳的社会保险费数额,经社会保险经办机构核定后,在规定的期限内缴纳社会保险费。

　　从 2019 年 1 月 1 日起,将基本养老保险费、基本医疗保险费、失业保险费、工伤保险费、生育保险费等各项社会保险费交由税务部门统一征收。

(三)社会保险费的个人所得税处理

　　《财政部　国家税务总局关于基本养老保险费基本医疗保险费失业保险费住房公积金有关个人所得税政策的通知》(财税〔2006〕10 号)规定:

6

（1）企事业单位按照国家或省（自治区、直辖市）人民政府规定的缴费比例或办法实际缴付的基本养老保险费、基本医疗保险费和失业保险费，免征个人所得税；个人按照国家或省（自治区、直辖市）人民政府规定的缴费比例或办法实际缴付的基本养老保险费、基本医疗保险费和失业保险费，允许在个人应纳税所得额中扣除。

（2）企事业单位和个人超过规定的比例和标准缴付的基本养老保险费、基本医疗保险费和失业保险费，应将超过部分并入个人当期的工资、薪金收入，计征个人所得税。

（3）个人实际领（支）取原提存的基本养老保险金、基本医疗保险金、失业保险金和住房公积金时，免征个人所得税。

四、资源拓展

（一）用人单位未按时足额缴纳社会保险费的法律责任

根据《中华人民共和国社会保险法》第六十三条和第八十六条规定，用人单位未按时足额缴纳社会保险费的，由社会保险费征收机构责令其限期缴纳或者补足，并自欠缴之日起，按日加收万分之五的滞纳金；逾期仍不缴纳的，由有关行政部门处欠缴数额一倍以上三倍以下的罚款。

（二）补充养老保险的相关处理

补充养老保险包括企业年金和职业年金。企业年金主要针对企业，是指根据《企业年金办法》等国家相关政策规定，企业及其职工在依法参加基本养老保险的基础上，自愿建立的补充养老保险制度。职业年金主要针对机关事业单位，是指根据《机关事业单位职业年金办法》等国家相关政策规定，机关事业单位及其工作人员在参加机关事业单位基本养老保险的基础上，建立的补充养老保险制度。

根据《企业年金办法》规定，企业及其职工在依法参加基本养老保险的基础上，自主建立的补充养老保险制度。国家鼓励企业建立企业年金。企业年金所需费用由企业和职工个人共同缴纳。企业缴费每年不超过本企业职工工资总额的8%，企业和职工个人缴费合计不超过本企业职工工资总额的12%。具体所需费用，由企业和职工协商确定。职工个人缴费由企业从职工个人工资中代扣代缴。

（三）企业年金和职业年金缴费的个人所得税处理

《个人所得税法》第六条第一款第一项所称依法确定的其他扣除，包括个人缴付符合国家规定的企业年金、职业年金，个人购买符合国家规定的商业健康保险、税收递延型商业养老保险的支出，以及国务院规定可以扣除的其他项目。

《个体工商户个人所得税计税办法》第二十二条第二、三款规定，个体工商户为从业人员缴纳的补充养老保险费、补充医疗保险费，分别在不超过从业人员工资总额5%标准内的部分据实扣除；超过部分，不得扣除；个体工商户业主本人缴纳的补充养老保险费、补充医疗保险费，以当地（地级市）上年度社会平均工资的3倍为计算基数，分别在不超过该计算基数5%标准内的部分据实扣除；超过部分，不得扣除。

（1）企业和事业单位（以下统称单位）根据国家有关政策规定的办法和标准，为在本单位任职或者受雇的全体职工缴付的企业年金或职业年金（以下统称年金）单位缴费部分，在计入个人账户时，个人暂不缴纳个人所得税。

（2）个人根据国家有关政策规定缴付的年金个人缴费部分，在不超过本人缴费工资计税基数的4%标准内的部分，暂从个人当期的应纳税所得额中扣除。

（3）超过规定标准缴付的年金单位缴费和个人缴费部分，应并入个人当期的工资、薪金所

6

得,依法计征个人所得税。税款由建立年金的单位代扣代缴,并向主管税务机关申报解缴。

（4）企业年金个人缴费工资计税基数为本人上一年度月平均工资。月平均工资按国家统计局规定列入工资总额统计的项目计算。月平均工资超过职工工作地所在设区城市上一年度职工月平均工资300%以上的部分,不计入个人缴费工资计税基数。职业年金个人缴费工资计税基数为职工岗位工资和薪级工资之和。职工岗位工资和薪级工资之和超过职工工作地所在设区城市上一年度职工月平均工资300%以上的部分,不计入个人缴费工资计税基数。

任务三　公积金业务办理

【任务描述】

为新入职员工办理住房公积金登记,同时为离职员工办理住房公积金封存;根据企业职工工资变化调整职工住房公积金缴存基数,并计算职工应缴住房公积金,完成公积金缴存操作。

【技能要求】

（1）能熟练办理个人住房公积金账户设立。
（2）能进行个人住房公积金账户封存。
（3）会进行住房公积金缴存比例、缴存基数调整。
（4）能进行住房公积金缴款结算及查询操作。

 案例情景

> 王菲在2021年4月9日为新入职员工设立个人住房公积金账户,为离职员工办理住房公积金封存。住房公积金汇缴增员清册如表6-6所示。
>
> 2021年7月12日,王菲根据企业职工上年工资情况调整住房公积金缴存基数,计算应缴住房公积金,完成住房公积金缴纳操作。住房公积金缴存登记,及缴存基数、比例调整资料如表6-7、表6-8所示。

表6-6　　　　　　　　　　　住房公积金汇缴增员清册

单位全称:华强智能机械有限公司　　　　　　　汇缴时点:

2021年4月

序号	姓名	证件类型	证件号码	户籍所在地	手机号	个人缴存基数	住房公积金月缴存额		
							单位缴存额	个人缴存额	合计缴存额
1	龚继静	身份证	330101199808083529		19912345566	3 000.00	360.00	360.00	720.00
2	岁　穗	身份证	312425200005061828		19912341166	2 800.00	336.00	336.00	672.00
3									
4									
本页人数小计		2			本页增加金额小计				1 392.00
人数合计		2			增加金额合计				1 392.00

经办人:　　　　　　　　　　　　　　　　　　联系电话:

* 调整个人缴存额时,可填写此表。

* 要求字迹清晰、工整、不得涂改。

6

表 6-7　　　　　　　　　　　　　浙江省住房公积金缴存职工登记表

单位名称(加盖公章)及单位住房公积金账号:华强智能机械有限公司 0123457

单位缴存比例:12%　　　　　　　　　　　　　　　　　　　　个人缴存比例:12%

序号	姓　名	身份证号码	移动电话	月缴存基数(元)	月缴存额(元)			备　注
					单位	个人	合计	
1	李　山	3 3 0 1 8 8 1 9 7 6 0 5 0 5 1 2 5 6		20 800	2 496	2 496	4 992	
2	王　思	3 3 0 6 3 8 1 9 8 8 0 8 0 8 1 2 2 3		15 400	1 848	1 848	3 696	
3	赵　倩	3 2 0 5 0 6 1 9 8 9 1 2 1 2 3 2 3 2		6 800	816	816	1 632	
4	章　武	3 4 0 1 2 5 1 9 9 5 0 9 0 9 3 4 5 6		3 000	360	360	720	
5	龚继静	3 3 0 1 0 1 1 9 9 8 0 8 0 8 3 5 2 9		3 000	360	360	720	
6	岁　穗	3 1 2 4 2 5 2 0 0 0 0 5 0 6 1 8 2 8		2 800	336	336	672	
…								
小计	总人数		月缴存总额					

兹保证以上所填内容真实、有效。　　　　　　　　　　　单位经办人签章:

　　　　　　　　　　　　　　　　　　　　　　　　　　　填报日期:　　年　月　日

　注:1. 本表备注栏填写个人住房账户设立(市域内转移)、账户启封业务。

　　　2. 个体工商户、自由职业者无需单位盖章。

表 6-8　　　　　　　　　　　浙江省住房公积金缴存比例、缴存基数调整表

单位名称(盖公章):华强智能机械有限公司　　　　　　单位住房公积金账号:0123457

序号	姓　名	个人住房公积金账号	月缴存基数(元)	缴存比例(%)	月缴存额(元)		
					单位	个人	合计
1	李　山	012345611234	20 800	12	2 496	2 496	4 992
2	王　思	012345612234	15 400	12	1 848	1 848	3 696
3	赵　倩	012345613456	6 800	12	816	816	1 632
4	章　武	012345614567	3 000	12	360	360	720
5	龚继静	021345610021	3 000	12	360	360	720
6	岁　穗	022345610234	2 800	12	336	336	672
…							
合计	总人数		月缴存总额(元)				

单位经办人(签章):　　　　　　　　　　　　　　　填报日期:

一、业务要求和业务要点

（一）业务要求

（1）为新入职员工设立个人住房公积金账户。

（2）为离职员工办理住房公积金封存。

（3）调整住房公积金缴存基数。

（4）计算应缴住房公积金，完成住房公积金缴存操作。

（二）业务要点

（1）熟悉住房公积金缴存职工信息的管理。

（2）熟悉企业所在地住房公积金缴存基数和比例，并能够进行住房公积金计算与缴存。

二、业务流程和实务操作

（一）业务流程（图6-18）

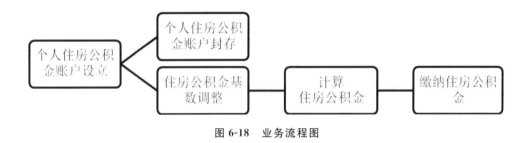

图6-18　业务流程图

（二）实务操作

住房公积金业务需通过单位所在地住房公积金管理中心办理，各地住房公积金业务办理存在一定差异，此处以浙江省某市为例介绍。

该市住房公积金管理中心规定当月业务办理时间为上月21日至当月20日（遇节假日提前）。即：单位办理职工缴存登记时间在每月20日（含20日）前办妥的，自当月起缴存住房公积金；在每月20日后办妥的，自次月起缴存住房公积金。办理职工停缴登记，在每月20日（含20日）前办妥的，自当月起停缴住房公积金；在每月20日后办妥的，自次月起停缴住房公积金。

1. 个人住房公积金账户设立

单位新增职工时需要为新增职工办理住房公积金缴存登记业务，即职工登记业务。办理个人住房公积金账户设立需要准备经办人身份证、住房公积金基数调整申请表、职工发放工资证明等材料，具体操作步骤如下：

（1）登录浙江政务服务网，点击【个人公积金账户设立】模块，输入"单位住房公积金账号"（该账号可通过浙江政务服务网选择"住房公积金综合业务"事项登陆中心单位网上服务大厅→综合服务→缴存信息查询）。

（2）登记业务可选择【单个增加】或通过【批量导入】将需要申报的职工信息予以上传，如图6-19所示。

6

图 6-19　设立公积金账户

① 单个增加方式。

点击【单个增加】按钮,弹出单个职工新增信息录入页面(图 6-20),按系统页面要求录入需新增的职工信息后,点击【确认】按钮,在录入信息展示区即可显示已录入的新增职工信息。

6

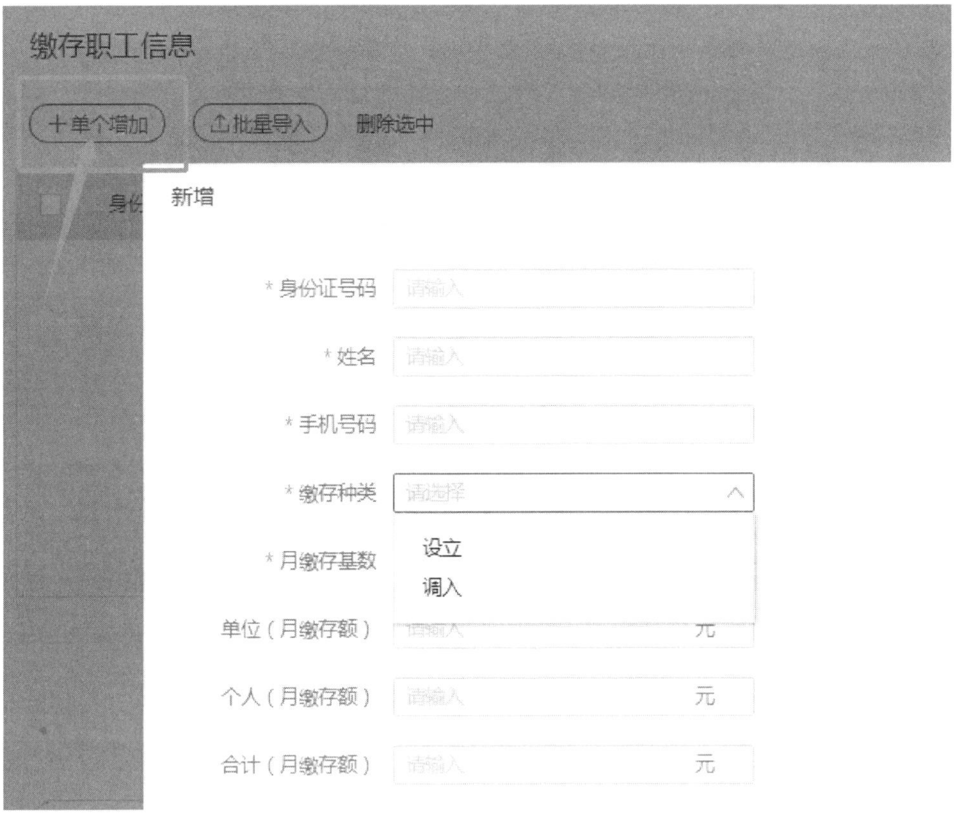

图 6-20　单个职工新增信息录入页面

【小提示】

◇ 填写时如无法区分职工缴存种类,可按"设立"选定。

◇ 职工申报的月缴存基数在不低于最低工资标准或不高于当年最高缴存基数范围内的,单位月缴存额、个人月缴存额及合计月缴存额按申报的月缴存基数核算,若低于最低工资标准或高于当年最高缴存基数的,则按最低工资标准或当年最高缴存基数核算。

② 批量导入方式。

点击【批量导入】按钮,再点击【下载模版】,可以下载系统提供的标准模版,按模版要求填写相应内容,需要注意的是已在模版中的内容不得修改或删除,即从第三行起填报新增职工信息,如图 6-21 所示。

(3) 新增职工信息填报完成后,点击【下一步】按钮,按系统提示的材料名称上传真实资料影像照片,完成上传后进入【信息确认】环节,对提交的资料核实无误后提交。

2. 个人住房公积金账户封存

职工与单位终止劳动关系(包括职工离退休、调出、辞职、解聘、辞退、开除、死亡等)时需要进行住房公积金账户封存申报操作,即职工减少业务。具体步骤如下:

(1) 登录浙江政务服务网,点击【个人公积金账户封存】模块,输入"单位公积金账户"。

(2) 封存业务可选择【单个增加】或通过【批量导入】将需要申报的职工信息予以上传,如图 6-22 所示。

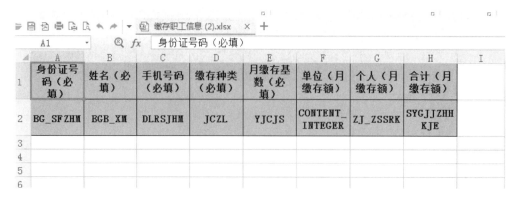

图 6-21　下载并填写模板

录入信息展示区

图 6-22　个人住房公积金账户封存

（1）单个增加方式。

当减少人员较少时可选择"单独增加"方式，点击【单个增加】按钮，弹出单个职工减少信息录入页面（图 6-23），按系统提示要求录入需减少的职工信息后，点击【确认】按钮，在录入信息展示区即可显示已录入的减少职工信息。

图 6-23　单个职工减少信息录入页面

（2）批量导入方式

点击【批量导入】按钮，再点击【下载模版】，在弹出窗口中点击【点击下载】按钮，下载系统提供的模版，如图 6-24 所示。

图 6-24　批量导入模版下载

按模版要求填写相应内容，已在模版中的内容不得修改或删除，即从第三行起填报减少职工信息，如图 6-25 所示。

6

图 6-25 下载模板并填写

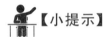【小提示】

◇ 通过系统操作时,可同时使用"单个增加"和"批量导入"方式完成职工信息申报。

◇ 办理结果查询及业务回单打印可在浙江政务服务网选择"住房公积金综合业务"事项,进行查询。

3. 调整住房公积金缴存基数

住房公积金缴存基数实行年度调整,一年调整一次,在每年年度调整期间可办理职工基数调整事宜。

华强智能机械有限公司所在地规定缴存基数上限为该市上年职工月平均工资的 3 倍,即缴存基数上限为 29 335 元(2020 年);缴存基数下限为政府公布执行的当地最低工资标准(1 800 元)。

缴存基数调整采用网上调整为主的方式,具体由单位经办人(须在××住房公积金管理系统登记)登录浙江政务服务网进行办理,具体操作步骤如下:

(1) 选择"登录——法人登录",注册或使用账号登录后,经刷脸认证进入公积金网厅,点击【住房公积金基数调整】模块,如图 6-26 所示。

(2) 住房公积金基数调整可通过【新增】或通过【批量导入】将需要申报调整的职工信息上传系统。

① 新增方式。

点击【新增】按钮,弹出单个职工调整信息录入页面(图 6-27),按系统页面要求录入职工"身份证号码""姓名""个人住房公积金账号""月缴存基数"等信息,"＊"为必填项目。录入完成后,点击【确认】按钮。

② 批量导入方式。

针对调整人员较多的话,可点击【下载模版】通过模板批量导入系统,如图 6-28 所示。

(3) 填报完成所有正常缴存职工调整信息后,点击【下一步】按钮,按系统提示的材料名称上传真实资料影像照片,完成上传后进入【信息确认】环节,资料核实无误后提交。

6

4. 缴款结算及查询

职工住房公积金的月缴存额为职工本人上一年度月平均工资乘以职工住房公积金缴存比例。缴存单位填报《××市住房公积金缴存单位登记表》（加盖公章），由单位代理人凭本人身份证办理，如单位的缴存方式为银行托收的，办理后获取《浙江一户通系统特约委托收款业务委托付款授权书》和《住房公积金托收结算说明》，再到单位委托付款银行进行委托授权。

图 6-26　调整住房公积金缴存基数

图 6-27   单个职工调整信息录入页面

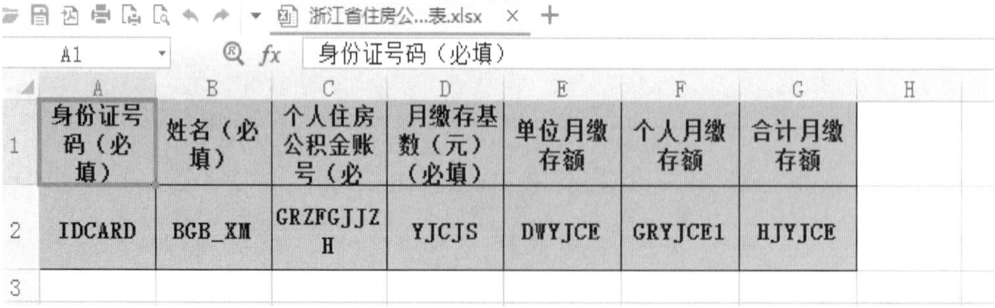

图 6-28   模板批量导入

华强智能机械有限公司所在市住房公积金管理系统中"结算业务"功能下所有业务处理均实现网上办结,包括"汇、补缴""退缴"和"自助缴款"业务。

"汇、补缴"业务下,有【重新托收】【缴存资金查询】【补缴查询】功能。缴存方式为托收的单位,两年内因各种情况发生银行资金扣收失败的,可通过【重新托收】功能自助发起重新托收。超过两年需重新托收的,则需要联系住房公积金管理中心处理。

重新托收的方法:点击进入【重新托收】功能,系统自动将结算失败的结算资金显示在页面上,直接勾选需重新发起托收的记录后,点击【重新托收】按钮即可,如图 6-29 所示。

【缴存资金查询】功能下,系统自动显示登录单位缴存资金情况,包括正常每月的汇缴资金及单次发生的补缴资金。点击【业务代码】,可查看与导出产生该笔资金的相应人员信息,并对于结算状态为结算成功的记录,提供缴款凭证打印,如图 6-30 所示。

图 6-29 缴款结算及查询

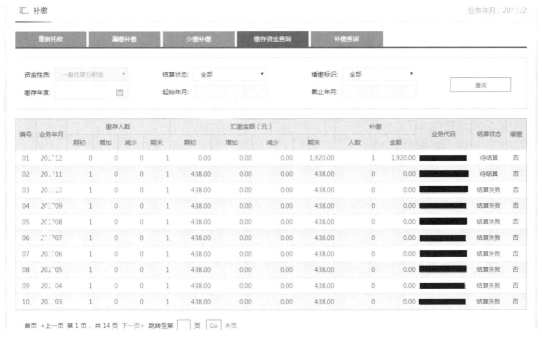

图 6-30 缴存资金查询

三、知识链接

住房公积金有关个人所得税政策

根据《财政部 国家税务总局关于基本养老保险费基本医疗保险费失业保险费住房公积金有关个人所得税政策的通知》（财税〔2006〕10 号）规定，单位和个人分别在不超过职工

6

本人上一年度月平均工资12％的幅度内,其实际缴存的住房公积金,允许在个人应纳税所得额中扣除。单位和职工个人缴存住房公积金的月平均工资不得超过职工工作地所在设区城市上一年度职工月平均工资的3倍,具体标准按照各地有关规定执行。单位和个人超过上述规定比例和标准缴付的住房公积金,应将超过部分并入个人当期的工资、薪金收入,计征个人所得税。

四、资源拓展

《住房公积金管理条例》有关规定:

第十三条　住房公积金管理中心应当在受委托银行设立住房公积金专户。

单位应当向住房公积金管理中心办理住房公积金缴存登记,并为本单位职工办理住房公积金账户设立手续。每个职工只能有一个住房公积金账户。

第十四条　新设立的单位应当自设立之日起30日内向住房公积金管理中心办理住房公积金缴存登记,并自登记之日起20日内,为本单位职工办理住房公积金账户设立手续。

单位录用职工的,应当自录用之日起30日内到住房公积金管理中心办理缴存登记,并持住房公积金管理中心的审核文件,到受委托银行办理职工住房公积金账户的设立或者转移手续。

第十五条　单位与职工终止劳动关系的,单位应当自劳动关系终止之日起30日内到住房公积金管理中心办理变更登记,并持住房公积金管理中心的审核文件,到受委托银行办理职工住房公积金账户转移或者封存手续。

第十六条　职工住房公积金的月缴存额为职工本人上一年度月平均工资乘以职工住房公积金缴存比例。

单位为职工缴存的住房公积金的月缴存额为职工本人上一年度月平均工资乘以单位住房公积金缴存比例。

第十七条　新参加工作的职工从参加工作的第二个月开始缴存住房公积金,月缴存额为职工本人当月工资乘以职工住房公积金缴存比例。

单位新调入的职工从调入单位发放工资之日起缴存住房公积金,月缴存额为职工本人当月工资乘以职工住房公积金缴存比例。

第十八条　职工和单位住房公积金的缴存比例均不得低于职工上一年度月平均工资的5％;有条件的城市,可以适当提高缴存比例。具体缴存比例由住房公积金管理委员会拟订,经本级人民政府审核后,报省、自治区、直辖市人民政府批准。

第十九条　职工个人缴存的住房公积金,由所在单位每月从其工资中代扣代缴。

单位应当于每月发放职工工资之日起5日内将单位缴存的和为职工代缴的住房公积金汇缴到住房公积金专户内,由受委托银行计入职工住房公积金账户。

第二十条　单位应当按时、足额缴存住房公积金,不得逾期缴存或者少缴。

对缴存住房公积金确有困难的单位,经本单位职工代表大会或者工会讨论通过,并经住房公积金管理中心审核,报住房公积金管理委员会批准后,可以降低缴存比例或者缓缴;待单位经济效益好转后,再提高缴存比例或者补缴缓缴。

任务四　其他福利费用核算

【任务描述】

根据职工福利薪酬制度计算员工福利,设置福利台账。

【技能要求】

(1) 能熟练根据企业福利制度准确计算员工福利。

(2) 能根据会计制度设置福利台账。

 案例情景

> 　　为欢度"五一"劳动节,华强智能机械有限公司为员工发放节日福利费,此外该公司每月还根据岗位向员工发放金额不等的通信费补贴,并计入工资统一发放。王菲为此设置福利费台账。

一、业务要求和业务要点

(一) 业务要求

(1) 根据企业福利制度相关规定,核算福利费用。

(2) 根据企业福利制度相关规定,设置各种福利费台账。

(二) 业务要点

(1) 熟悉企业福利制度,准确计算福利费用。

(2) 熟悉我国所得税对企业福利费发放的有关规定。

(3) 掌握福利费台账的设置方法。

二、业务流程和实务操作

(一) 业务流程(图 6-31)

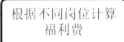

根据不同岗位计算福利费　→　设置福利费台账　→　根据会计准则进行账务处理

图 6-31　业务流程图

(二) 实务操作

计算并登记福利费台账。

华强智能机械有限公司发放通信补贴和五一劳动节补贴如表 6-9 所示。

表 6-9   福利费发放台账

序号	工号	姓　名	通信费补贴(元)	过节费补贴(元)	合计金额(元)
1	2001001	李　山	500	1 000	1 500
2	2001002	王　思	500	1 000	1 500
3	2018001	赵　倩	100	1 000	1 100
4	2020001	章　武	100	1 000	1 100
5	2021001	龚继静	100	1 000	1 100
6	2021002	岁　穗	100	1 000	1 100

根据当地税务机关备案确认华强智能机械有限公司通信费补贴标准为高管 500 元,其他人员 300 元。因此李山和王思可扣除 500 元,其他人员不超过 300 元。

三、知识链接

(一)关于福利费的税务处理

《中华人民共和国个人所得税法》第四条规定:福利费、抚恤金、救济金免征个人所得税。《中华人民共和国个人所得税法实施条例》第十一条规定:个人所得税法第四条第一款第四项所称福利费,是指根据国家有关规定,从企业、事业单位、国家机关、社会组织提留的福利费或者工会经费中支付给个人的生活补助费;所称救济金,是指各级人民政府民政部门支付给个人的生活困难补助费。

《国家税务总局关于生活补助费范围确定问题的通知》(国税发〔1998〕155 号)规定下列收入不属于免税的福利费范围,应当并入纳税人的工资、薪金收入计征个人所得税:

(1)从超出国家规定的比例或基数计提的福利费、工会经费中支付给个人的各种补贴、补助;

(2)从福利费和工会经费中支付给单位职工的人人有份的补贴、补助;

(3)单位为个人购买汽车、住房、电子计算机等不属于临时性生活困难补助性质的支出。

(二)关于个人取得公务交通、通信补贴收入征税问题

根据《国家税务总局关于个人所得税有关政策问题的通知》(国税发〔1999〕58 号)规定:

个人因公务用车和通信制度改革而取得的公务用车、通信补贴收入,扣除一定标准的公务费用后,按照"工资、薪金"所得项目计征个人所得税。按月发放的,并入当月"工资、薪金"所得计征个人所得税;不按月发放的,分解到所属月份并与该月份"工资、薪金"所得合并后计征个人所得税。

公务费用的扣除标准,由省税务局根据纳税人公务交通、通信费用的实际发生情况调查测算,报经省级人民政府批准后确定,并报国家税务总局备案。

四、资源拓展

根据《财政部关于企业加强职工福利费财务管理的通知》(财企〔2009〕242 号)第一条规定,企业职工福利费是指企业为职工提供的除职工工资、奖金、津贴、纳入工资总额管理的补贴、职工教育经费、社会保险费和补充养老保险费(年金)、补充医疗保险费及住房公积金以

6

外的福利待遇支出,包括发放给职工或为职工支付的各项现金补贴和非货币性集体福利。

根据《中华人民共和国企业所得税法实施条例》第四十条规定:企业发生的职工福利费支出,不超过工资薪金总额14%的部分,准予扣除。

根据《财政部关于企业加强职工福利费财务管理的通知》(财企〔2009〕242号)规定:企业为职工提供的交通、住房、通信待遇,已经实行货币化改革的,按月按标准发放或支付的住房补贴、交通补贴或者车改补贴、通信补贴,应当纳入职工工资总额,不再纳入职工福利费管理;尚未实行货币化改革的,企业发生的相关支出作为职工福利费管理。

根据《国家税务总局关于企业工资薪金及职工福利费扣除问题的通知》(国税函〔2009〕3号)规定:企业职工福利费,包括以下内容:

(1)尚未实行分离办社会职能的企业,其内设福利部门所发生的设备、设施和人员费用,包括职工食堂、职工浴室、理发室、医务所、托儿所、疗养院等集体福利部门的设备、设施及维修保养费用和福利部门工作人员的工资薪金、社会保险费、住房公积金、劳务费等。

(2)为职工卫生保健、生活、住房、交通等所发放的各项补贴和非货币性福利,包括企业向职工发放的因公外地就医费用、未实行医疗统筹企业职工医疗费用、职工供养直系亲属医疗补贴、供暖费补贴、职工防暑降温费、职工困难补贴、救济费、职工食堂经费补贴、职工交通补贴等。

(3)按照其他规定发生的其他职工福利费,包括丧葬补助费、抚恤费、安家费、探亲假路费等。

任务五　薪资实务处理

【任务描述】

统计员工考勤信息,编制简单的工资表。

【技能要求】

(1)能熟练运用Excel等工具汇总计算考勤信息,编制简单工资表。

(2)能准确计算员工工资、"三险一金"、代扣代缴个税,计算实发工资。

 案例情景

> 王菲在2021年1月10日编制完成工资发放表。

一、业务要求和业务要点

(一)业务要求

(1)按照企业薪酬管理制度规定,统计员工工资信息。

(2)根据企业员工考勤情况,统计员工考勤信息。

(3)根据工资、考勤等信息,编制简单的工资表。

(二)业务要点

(1)掌握企业薪酬的构成。

(2)熟练利用信息化手段计算工资,并制作工资表。

二、业务流程和实务操作

(一) 业务流程(图 6-32)

根据企业薪资制度计算应发工资 计算员工个人负担"三险一金"和个税 计算实发工资,编制工资表

图 6-32　业务流程图

(二) 实务操作

(1) 计算 1 月应发工资,如表 6-11 所示。

表 6-11　　　　　　　　　　　　　应发工资　　　　　　　　　　　　　单位:元

姓　名	基本工资	奖励工资	全勤奖	加班费	通信补贴	应发工资
李　山	18 000	3 000	500		500	22 000.00
王　思	5 000	2 000	500		500	8 000.00
赵　倩	4 000	1 000	500	300	100	5 900.00
章　武	2 500	200	500	400	100	3 700.00

(2) 计算个人负担"三险一金",如表 6-12 所示。

表 6-12　　　　　　　　　　　　计算"三险一金"　　　　　　　　　　　单位:元

姓　名	社会保险缴费基数	养老保险(8%)	医疗保险(2%)	失业保险(0.5%)	住房公积金缴费基数	住房公积金(12%)
李　山	16 608	1 328.64	332.16	83.04	18 800	2 256
王　思	14 500	1 160	290	72.5	14 500	1 740
赵　倩	5 820	465.6	116.4	29.1	5 820	698.4
章　武	3 321.6	265.728	66.43	16.608	2 900	348

(3) 计算 1 月代扣代缴个人所得税,如表 6-13 所示。

表 6-13　　　　　　　　　　计算代扣代缴个人所得税　　　　　　　　　　单位:元

姓　名	应发工资	加班费	通信补贴	计税工资	累计三险一金	累计专项附加扣除	累计减除费用	应纳税所得额	应纳个税
李　山	22 000		500	21 500	3 999.84	3 000	5 000	9 500.16	285.00
王　思	8 000		500	7 500	3 262.50	2 000	5 000	0	0
赵　倩	5 900	300	100	6 100	1 309.50	2 000	5 000	0	0
章　武	3 700	400	100	4 000	696.766	1 000	5 000	0	0

6

（4）计算 1 月实发工资，并编制工资表，如表 6-14 所示。

表 6-14　　　　　　　　　　　编制工资表　　　　　　　　　　　单位：元

姓　名	基本工资	奖励工资	全勤奖	加班费	通讯补贴	应发工资	养老保险	医疗保险	失业保险	住房公积金	扣缴个税	实发工资
李　山	18 000	3 000	500		500	22 000	1 328.64	332.16	83.04	2 256.00	285.00	17 715.16
王　思	5 000	2 000	500		500	8 000	1 160.00	290.00	72.50	1 740.00	0.00	4 737.50
赵　倩	4 000	1 000	500	300	100	5 900	465.60	116.40	29.10	698.40	0.00	4 590.50
章　武	2 500	200	500	400	100	3 700	265.73	66.43	16.61	348.00	0.00	3 003.23

三、知识链接

关于职工薪酬

根据《企业会计准则第 9 号——职工薪酬》（财会〔2014〕8 号）规定：职工薪酬，是指企业为获得职工提供的服务或解除劳动关系而给予的各种形式的报酬或补偿。职工薪酬包括短期薪酬、离职后福利、辞退福利和其他长期职工福利。企业提供给职工配偶、子女、受赡养人、已故员工遗属及其他受益人等的福利，也属于职工薪酬。

短期薪酬，是指企业在职工提供相关服务的年度报告期间结束后十二个月内需要全部予以支付的职工薪酬，因解除与职工的劳动关系给予的补偿除外。短期薪酬具体包括：职工工资、奖金、津贴和补贴，职工福利费，医疗保险费、工伤保险费和生育保险费等社会保险费，住房公积金，工会经费和职工教育经费，短期带薪缺勤，短期利润分享计划，非货币性福利以及其他短期薪酬。

带薪缺勤，是指企业支付工资或提供补偿的职工缺勤，包括年休假、病假、短期伤残、婚假、产假、丧假、探亲假等。利润分享计划，是指因职工提供服务而与职工达成的基于利润或其他经营成果提供薪酬的协议。

离职后福利，是指企业为获得职工提供的服务而在职工退休或与企业解除劳动关系后，提供的各种形式的报酬和福利，短期薪酬和辞退福利除外。

辞退福利，是指企业在职工劳动合同到期之前解除与职工的劳动关系，或者为鼓励职工自愿接受裁减而给予职工的补偿。

其他长期职工福利，是指除短期薪酬、离职后福利、辞退福利之外所有的职工薪酬，包括长期带薪缺勤、长期残疾福利、长期利润分享计划等。

四、资源拓展

职工，是指与企业订立劳动合同的所有人员，含全职、兼职和临时职工，也包括虽未与企业订立劳动合同但由企业正式任命的人员。未与企业订立劳动合同或未由其正式任命，但向企业所提供服务与职工所提供服务类似的人员，也属于职工的范畴，包括通过企业与劳务中介公司签订用工合同而向企业提供服务的人员。

个人所得税
改革变迁史

6

软件授权提货单

学校和院系名称：_____　　　（需院系盖章）

联系人：_____　　联系方式：_____

意向授课或考取个税计算证书的专业：_____

　　感谢贵校使用由浙江衡信教育科技有限公司（简称"衡信教育"）组织编写的《个税计算基础与实务（初级）》（978-7-04-056325-2）。为便于学校进行1+X个税计算职业技能等级证书的书（课）证融通及税务实训教学，学校可凭本提货单向衡信教育免费申请安装"税务实训平台软件"（可任选包括自然人税收管理系统扣缴端实训系统和个税计算财税基础知识教学系统等在内的6个模块，以学校为单位申请免费安装1次、60个站点以内，不限学生账号数量，自安装之日起免费180天使用期）。

平台配套功能与资源：

　　1.有教学管理端，可进行班级、学生管理、案例发布、成绩管理，成绩导出；

　　2.基于企业在用的涉税软件做教学化改造，仿真度高，能评分、有解析，有报告；

　　3.配套个税计算课证融通教培资源包（课标、讲义、课件、案例、试题、动画）。

安装及教学使用培训支持：

　　1.免费远程安装指导服务、提供1次个税计算认证平台和税务实训平台使用培训；

　　2.免费提供个税计算书（课）证融通和税务实训教学支持服务；

　　3.免费支持学校教师考取个税计算（初级）职业技能等级证书。

提货方式：

　　1.详细填写本提货单第一行学校和院系名称（盖院系章）及相关信息；

　　2.把本提货单扫描或者拍照发给高等教育出版社相关业务部门审核（联系方式见下），
　　　获得提货单编号；

　　3.凭编号和院系名称，向衡信教育申请试用；

　　4.本提货单最终解释权归衡信教育所有。

高等教育出版社联系方式：

姓名：胡伟峰　　　　　　手机：13761157915　　　　座机：021-56718737

传真：021-56718517　　QQ：122803063

衡信教育联系方式：

授权提货申请：余老师15005716400　　李老师18605712366

个税计算考务管理中心：李老师13291878097

微信公众号：个税计算

　　　　　　　　　　　　　　　　　　　　　　　　　　浙江衡信教育科技有限公司

郑重声明

高等教育出版社依法对本书享有专有出版权。任何未经许可的复制、销售行为均违反《中华人民共和国著作权法》，其行为人将承担相应的民事责任和行政责任；构成犯罪的，将被依法追究刑事责任。为了维护市场秩序，保护读者的合法权益，避免读者误用盗版书造成不良后果，我社将配合行政执法部门和司法机关对违法犯罪的单位和个人进行严厉打击。社会各界人士如发现上述侵权行为，希望及时举报，本社将奖励举报有功人员。

反盗版举报电话　（010）58581999　58582371　58582488

反盗版举报传真　（010）82086060

反盗版举报邮箱　dd@hep.com.cn

通信地址　北京市西城区德外大街 4 号　高等教育出版社法律事务与版权管理部

邮政编码　100120

高等教育出版社

教学资源索取单

仅限教师索取

尊敬的老师：

您好！感谢您使用**浙江衡信教育科技有限公司**等编写的《**个税计算基础与实务（初级）**》。

为便于教学，我社教材多配有课程相关教学资源，如贵校已选用了本书，您只要加入以下教师论坛 QQ 群，或者关注微信公众号"高职财经教学研究"，或者把下表中的相关信息以电子邮件方式发至我社即可免费获得。

我们的联系方式：

（以下 3 个"会计教师论坛"QQ 群，加任何一个即可享受服务，请勿重复加入）

QQ3 群：473802328　　　　QQ2 群：370279388　　　　QQ1 群：554729666

财经基础课 QQ 群：374014299　　　旅游大类 QQ 群：142032733

市场营销 QQ 群：177267889　　　　国际商务 QQ 群：314205275

微信公众号：高职财经教学研究

另外，我们研发有 **8 门财会类课程试题库**："基础会计""财务会计""成本计算与管理""财务管理""管理会计""税务会计""税法""审计基础与实务"。题库共 25 000 多道试题，知识点全覆盖，题型丰富，可自动组卷与批改。如贵校选用了高教社沪版相关课程教材，我们将免费提供给老师 8 门课程题库生成的**各 6 套试卷及答案**（Word 格式难中易三档），老师也可与我们联系获取更多免费题库资源。

联系电话：(021)56961310/56718921　　　电子邮箱：800078148@b.qq.com

服务 QQ：800078148（教学资源）

姓　　名		性别		出生年月		专　　业	
学　　校			学院、系			教 研 室	
学校地址						邮　　编	
职　　务			职　　称			办公电话	
E-mail						手　　机	
通信地址						邮　　编	
本书使用情况	用于＿＿＿＿＿＿学时教学，每学年使用＿＿＿＿＿＿册。						

您还希望从我社获得哪些服务？

□教师培训　　　　　□教学研讨活动

□寄送样书　　　　　□相关图书出版信息

□其他＿＿＿＿＿＿＿＿＿＿＿＿＿＿＿＿＿＿＿＿＿＿＿＿＿＿＿